Eurus Notus

マイク・モラスキー
Michael Molasky

ピアノトリオ

——モダンジャズへの入り口

Boreas Zephyrus

岩波新書
2012

はじめに

ジャズにはいろいろな編成のバンドがある。ビッグバンドもあればソロピアノもある。これまでに多様な楽器の組み合わせが見られた。たとえば、初期のニューオーリンズジャズではチューバとバンジョーが常用されたが、後にベースとギターに取り替えられた。また、一九四〇年代に現れ始めた「クール派」のバンドには、それまではジャズと無縁だったフレンチホルンが使われることもあり、チューバが再び登場することもあった。

だが、とりわけモダンジャズにおいては、主に三つの編成が中心になっている――クインテット(五重奏)、カルテット(四重奏)、そしてピアノトリオ(三重奏)である。通常のクインテットには、トランペットとサックスにピアノ＋ベース＋ドラムの「リズムセクション」がついている。多くのカルテットは、トランペットまたはサックスにピアノ＋ベース＋ドラムという編成になっている。初期のピアノトリオの編成はピアノ＋ベース＋ギターだったものの、一九五〇年代半ばからギターの代わりにドラムが定着し、現在に至る。加えて、モダンジャズでは歌手が率いるバンドもあるが、ヴォーカル＋ピアノトリオの編成が主流である。もちろん、ピアノの代わりにギターやオルガン奏者が率いるトリオもあり、鍵盤楽器もギターも一切含まれないバンドも見られる(フリージャズでその傾向がとくに顕著)。だが、依然として大多数のモダンジャズバンドには、ピアノ、ベース、そしてドラムが含まれる。要するに、ピアノトリオはモダンジャズのかなめだと言えるわけだ。

本書ではモダンジャズにおけるピアノトリオの発展史を概観しながら、数々の録音を事例に聴き方のテクニックを紹介する。言うまでもなく、音楽には多様な聴き方があり、「正しい」方法はないが、多くの読者にとってこれから紹介する聴き方が身についたら、ピアノトリオのみならずジャズ音楽全般をより楽しく、深く味わえるようになると思う。

聴き方が多様であるのと同じように、名演には聴き処がほぼ無限にある。本書では各ピアニストやピアノトリオの特徴を浮き彫りにするために、録音の中の聴き処を数カ所に絞り、より具体的に記述するように心がけている。たとえば、ある録音の0:34–0:44でピアニストの左手が打ち出すサウンドに注目し、1:22–1:29では右手の即興フレーズに注意を促し、そして2:51–2:63ではピアニストのサウンドに対するベースの音に耳を傾けるなど、各演奏に対し数カ所の聴き処を指摘する。このように演奏の特定の箇所をクローズアップして聴いているうちに、耳が自然に肥えてくる。そして、ピアノトリオのみならずモダンジャズのカルテットやクインテットなどを聴く際にも、リズムセクションの貢献がより鮮明に浮かび上がり、バンド全体のサウンドをいっそう満喫できるようになると思う。なお、ユーチューブ等で動画を検索するときには、ぜひ、巻末の人名索引をつかって英文で検索することをお勧めする。

世の中には優れたジャズピアニストが実に多く、聴き甲斐のあるトリオ盤もいくらでも挙げられる。本書ではそのほんの一部にしか触れる余裕はない。どのピアニストを対象とし、誰を除外すべきか、ずいぶん悩んだものだ。たとえば、セロニアス・モンク、ホレス・シルヴァー、そしてハービー・ハンコックはいずれもジャズ史を語る上で欠かせないミュージシャンであり、ジャズピアノ界に大きな影響を残した。筆者がジャズピアノ史全体を概観した前著(『ジャズピアノ——その歴史から聴き方まで』、岩波書店、上下二巻)では、彼らについてそれなりの紙幅を割いているが、ピアノトリオに焦点を絞るこの新書では、モンクやシルヴァーやハンコック、加えてソニー・クラークも(惜しくも)視野外とした。四人とも聴き応えのあるトリオ盤を発表しているものの、彼らはピアノトリオよりもカルテット以上の編成を好み、リーダーとしての代表作も四人以上のバンドによるものである。

本書ではジャズファンなら誰もが知るようなピアノトリオの名盤を取り上げている反面、読者にとってなじみの薄いピアニストも含まれているかもしれない。いずれにせよ、取り上げているトリオは世界のジャズピアノ界の氷山の一角にすぎず、しかもアメリカ人の男性ピアニストが圧倒的な比重を占めている。予《あらかじ》めご了承いただきたい。

また、本書では一九五〇―六〇年代半ばの間に録音されたトリオ盤が中心になっているが、それにはわけがある。まず、この短い期間にピアノ＋ベース＋ドラムという代表的なピアノトリオ編成が最も盛んになり、独自のスタイルをもった数々の優れたピアニストが自らトリオを結成するようになった。それこそ、「ピアノトリオ黄金時代」と呼ぶにふさわしい時期である。この時期に現れたピアノトリオが後世のジャズピアノ界に多大な影響を及ぼした――アーマッド・ジャマルとレッド・ガーランドの軽快なスイング感、オスカー・ピーターソンとフィニアス・ニューボーンJr.の輝かしい超絶技巧、ハンク・ジョーンズとトミー・フラナガンの控え目な渋い演奏、ビル・エヴァンスの豊潤なハーモニーとピアノトリオへの新鮮なアプローチ、マッコイ・タイナーとチック・コリアの切れ味鋭い斬新なサウンドなどである。彼らが一九五〇―六〇年代に発表したトリオ盤が、多かれ少なかれその後のジャズピアノ界のさらなる展開を可能にした故に、本書の約半分の枚数をこの時期のトリオ盤に割いたわけである。

なお、前著『ジャズピアノ』との関係について一言付け加えたい。本書『ピアノトリオ』は前著と重複する内容もあるが、前著で触れていないピアニストもおり、同じピアニストを取り上げた場合は、なるべく違う演奏に注目する、もしくは新たな視点を加えるように心がけた。また、本書の最終章では前著では取り上げていないピアニストが中心になっている。したがって、先に前著を読んでくれた読者は本書で新たな発見ができるはずであり、逆に本書を読んでジャズピアノ全般について詳しく知りたいと思った読者には、前著を参照していただきたい。

本書では、「ジャンル」とはビバップやクールジャズ、フリージャズなどのようなカテゴリーを指し、「スタイル」とは個人が築き上げる独自の弾き方およびサウンドを指している。また、一般的に使われている楽器の省略記号(d〈ドラム〉、b〈ベース〉、tp〈トランペット〉、tb〈トロンボーン〉、as〈アルトサックス〉、ts〈テナーサックス〉、g〈ギター〉、voc〈ヴォーカル〉など)を使う場合がある。

目　次

第一章　ピアノトリオの聴き方

音楽の聴き方は自由であり、様々である。とは言え、それぞれの楽器や音楽伝統特有の要素があるため、それに合わせて聴き方を調整したほうが楽しめる場合がある。本章では、ピアノという楽器の特質に触れながら、いくつかの具体的な聴き方のコツを紹介する。

1　聴き方のコツ

パーツ別に聴く

大人数のクラシックのオーケストラにせよ、ジャズのソロピアノ演奏にせよ、「パーツ別」に聴く方法は耳が肥えてくるための近道である。英語では"isolated listening"と呼ぶことがあるが、つまり同時に鳴っている複数の音の中の一つか二つだけに集中して聴くことを意味する。

そのような「聴く練習」を積み重ねているうちに、より多くの音を聴き分けられるようになり、バンド全体のサウンドがいっそう明瞭に響いてくる。

ソロピアノ演奏を聴く際、左手と右手を個別に聴くことが好例。たとえば、ファッツ・ウォーラーやテディ・ウィルソンなど一九三〇年代のソロピアノを聴く場合、まず左手だけに集中しながら聴くと、左手が複数の役割を果たしていることに気づくだろう。鍵盤の低音域で左手の小指でベース音を押さえてから中音域に跳んでコードを弾くパターンが多いが、そうした流れの中で、小指が低音域でベースライン(低音域のメロディ)を描き、中音域でコードを弾く際には親指が鳴らす音が別のメロディになっている場合があることがわかる。それから鍵盤の中・高音域での右手の音に耳を傾けると、さらに別のメロディが鳴っているから、ピアニストが一人で鍵盤の三つの層で演奏を展開しており、ときには三つの別のメロディラインがほぼ同時に鳴っていることに気づく。それが聴こえてくると、当時のソロピアノ演奏の奥深さを垣間見ることができ、演奏に対する感動も一段と深まる。

ピアノトリオを聴く場合でも、ピアニストの左手と右手が発する音を個別に捉えることは有効な聴き方だが、トリオにはベースが含まれるためピアニストの左手は鍵盤の中音域からあまり離れず、低音域の音は主にベーシストに委ねられることが多い。それこそ、トリオにせよクインテットにせよ、ジャズバンドをパーツ別に聴くなら、最初にベース音に集中することをお勧めする。なぜかと言うと、メロディを吹く／弾く楽器の音は自然に耳を捉えるが、ベース音は聴き逃しやすいからである。だが、ジャズ楽器の中では、ベースが最も重要だと言える。たとえば、管楽器やピアノやドラムが含まれないジャズバンドは決してめずらしくないが、とりわけモダンジャズでは、ベースのいないバンドはほとんど見かけないではないか。それは、ベースがリズムとハーモニーの基盤を築くからにほかならない。それでも、普通のモダンジャズバンドではベースが最も目立たない楽器であるため、聴き逃しやすい。

この「パーツ別」の聴き方の具体例は第二章以降、数々の録音を取り上げながら触れるため、ここではそうした聴き方があることを紹介するだけに留めたい。

リズムを身体で感じ取る

ジャズ学習者向けの教則本には、プロのミュージシャンのレコードから採譜された即興演奏の一部が記載されることがある。ところが、どんなに卓越したテクニックをもち、楽譜通りに弾く能力を備えていようと、それまでにジャズをかなり聴き込んだ上で練習しない限り、採譜された楽譜だけではなかなか「ジャズらしく」演奏できないだろう。それは、ジャズのリズム感――とりわけ肝心な「スイング」という要素の細かいニュアンス――は楽譜では正確に表せないからにほかならない。

一九五〇年代のマイルス・デイビス・クインテットでピアノの座を占めたレッド・ガーランド、ビル・エヴァンス、そしてウィントン・ケリーが好例。もちろん、各自の演奏の中には様々な違いがあるが、タッチ(次節参照)に加えリズム感の違いが際立つ。もし、この三人に同じ楽譜に記された即興フレーズを弾かせたとしたら、三人とも異なるリズムで弾いてしまうはずである。また、お互いに相手のリズムを真似してくれと依頼されても、完全には再現できないだろう。それは他人の歩き方を完璧に真似するようなものであり、意外に難しい。つまり、即興旋律およびハーモニーの側面よりも、タッチとリズムのほうが意識でコントロールできないピアニスト一人ひとりの身体そのものから成り立っているのである。

リスナーにとっても、リズムをしっかり感じ取るためには身体の参加が不可欠だと思う。たとえばピアノトリオを聴く際、ベースが鳴らす1-2-3-4に合わせて足踏みをしたり、指を鳴らしたり、テーブルを軽く叩いたりするなど、どんな方法であれ身体を使ってリズムを感じ取ることが重要である。それに慣れたら、ベースのリズムを受け取りながら今度はトリオの別のサウンドに耳を傾けるようにしてみよう――ドラムのシンバルで刻まれる「ジャン・ジャッ・ジャン・ジャッ」や、ピアニストの左手が弾くコードのリズムや、右手の即興演奏のフレージングなどに集中する。

これから数多くのピアノトリオ盤を事例に、以上のような「パーツ別に聴く」練習と「身体でリズムを感じ取る」練習を積み重ねていく。そうしているうちに読者の耳が徐々に肥えてくるばかりでなく、ジャズ特有の「スイング」をいっそう痛快に感じられるようになると思う。

2　ピアノ演奏の諸要素

タッチ

管楽器奏者の中には、音色があまりにも独特なのでわずか数秒で誰なのか判別できるミュージシャンがいる。アルトサックスではジョニー・ホッジス、ポール・デスモンド、そしてエリック・ドルフィーが好例だと思う。ピアニストの間でも音色の違いはあるものの、管楽器のごとく単音のサウンドだけでピアニストを聴き分けることには無理がある。強いて言えば、ピアニスト独自のサウンドは、一音一音の音色と言うよりも、音をつなげていくフレージングや独自のリズム感、コードヴォイシング（後出参照）など、いわば〈音の集合体〉によって現れる。

とは言え、ピアニストのタッチによって、単音も和音もかなり違って響くことがある。「タッチ」とは鍵盤のキーの押さえ方のニュアンスを指すが、セロニアス・モンクやセシル・テイラー、マッコイ・タイナーのごとく強力な打楽器的タッチを用いるピアニストもいれば、ハンク・ジョーンズやビル・エヴァンス、キース・ジャレットのごとく柔らかい、滑らかなタッチを好むピアニストもいる。もちろん、多くのピアニストは曲のムードやそのときの気分によってタッチを使い分けるが、概して言えば、それぞれのピアニストには特有のタッチがある。たとえば、単音のフレーズを弾く際、一音一音をスタッカートに近いシャープなタッチで鳴らすか、滑らかにつなげていくかは、そのピアニストの感性と好みで決まるだろう。また、コードを弾く際、音を一斉に鳴らすか「崩して」弾くかによって、同じ和音構成がかなり違って聴こえる。セロニアス・モンクはバラードに対してもほとんど崩したタッチを使わないが、ビル・エヴァンスの音が柔らかく聴こえるのは、そうした崩した和音の弾き方を(とくにバラードで)愛用することが大いに関係している。

リズム

前述したように、ピアニスト独自のリズム感覚は複数の側面で現れる。ヴォーカルやほかの楽器のバッキングを弾く際のコードを刻むリズムはピアニストによって異なり、自分でソロを弾くときには、左手でコードを刻むリズムも右手で単音の旋律に内包されるリズムもある。後に取り上げるレッド・ガーランドやウィントン・ケリーが好例であり、次章以降数々のピアニストを聴いているうちに、その違いが自然に聴こえてくると思う。

ハーモニー

音楽にはメロディ、ハーモニー、そしてリズムという三要素があるとよく言われる。少なくとも、普通のモダンジャズ演奏にはこの三要素が鮮明に現れている。メロディの場合、よほど複雑なものでない限り誰でも聴き取れるだろう。また、リズムもさほど意識しなくても大まかなビートが感じ取れる場合が多い。だが、ハーモニーはなかなかつかみにくいことがある。とくにメロディが終わり、即興演奏に乗り出してからのジャズ演奏では、聴き手がミュージシャンまたは熟練したリスナーでない限り、ハーモニーは最も把握しにくい要素だと思う。

では、ハーモニーをどのように考え、どのように聴き取れるようになるのだろうか。メロディが演奏の表面だとしたら、ハーモニーは表面下に潜んでいる故にわかりにくいと言える。また、メロディが音の〈横の線〉として展開されるとしたら、ピアノではハーモニーは主に〈縦の集合体〉として現れると言えよう。それに対し、一人のトランペットやサックス奏者がメロディを奏でたあとにソロをとるとき、基本的にその楽器のハーモニーは〈横の線〉として現れる。つまり、よほど異例な奏法を使わない限り、奏者が一音ずつ吹き、つなげていく音の流れがハーモニーを成すことになる。

もし、ピアニストが片手だけを使って単音のみでソロを弾けば、ハーモニーは同じように〈横の線〉として現れるが、鍵盤楽器の特質上、普通は同時に複数の音が鳴る。モダンジャズの場合、通常は左手がコードを刻み、右手がメロディを弾くが、両手でコードを押さえることもあれば、両手が個別のメロディラインを弾くこともある。したがって、ピアノの演奏では常に複数の音が鳴っていることが普通である。確かにギターも〈横〉と〈縦〉のそれぞれの方法でハーモニーを表すことがあるものの、ジャズギターの異端児スタンリー・ジョーダンのように特殊な奏法を使わない限り、鍵盤楽器のごとくメロディとコードを同時に——だが、別々に——表現することはできないだろう（ジョーダン自身、ギターを弾く前にピアノを弾いていたということが、その特異な奏法を創出する背景にあったようだ）。

では、ジャズピアノの演奏においてハーモニーは具体的にどのように表現され、またリスナーはどういうところに注目すればよいのか。それに答えるため、アート・テイタムの一九三九年録音のソロピアノ演奏「オーヴァー・ザ・レインボー」を事例に使いたい（ユーチューブなどで録音が聴ける）。テイタムはその後も同曲を数回録音しているが、その中で一九三九年版は初録音であり、映画『オズの魔法使い』が発表されてから間もない時期だった。それなのに、テイタムは「オーヴァー・ザ・レインボー」の原曲のハーモニーを根源的に塗り替えているからこそ注目したい。

アート・テイタムは、幻のスピードを誇る超絶技巧のテクニックで知られている。だが、彼がジャズピアノ界でいち早くポピュラーソングに対し革新的なハーモニーを当てはめたことは、同時代のミュージシャン達の間で大きな注目を集めたのに、一般のジャズファンの間では十分に認識されていないようだ。以下、テイタムの一九三九年版の「オーヴァー・ザ・レインボー」における ハーモニーの諸要素を個別に掘り下げたい。やや込み入った内容になるが、これからジャズ演奏を具体的に語るために避けて通れないので、ご了解いただきたい。

1　コードヴォイシング　「ヴォイシング」とはコード一つひとつの音の構成法のことである。ジャズミュージシャン用の楽譜には、メロディのほかに、「C7」などのような簡易なコード記号しか記されていないが、そのコードに対しピアニストは音をかなり自由に選べる。強いて言えば、同じコード記号に対しほぼ無限のヴォイシングを当てはめることができるため、ピアニストによってサウンドが全く異なる場合がある。テイタムの「オーヴァー・ザ・レインボー」が好例――リスナーの耳を打つ最初の音は確かにコードではあるが、それは驚かされるほど斬新かつ強烈なサウンドである。それこそテイタムの先進的なコードヴォイシングにほかならない。1:02–1:03 のコードヴォイシングも注目に値する（歌詞の中の「レインボー」の「ボー」の音である）。

2　コード進行　「コード進行」とはコードの流れを指す。つまり、ヴォイシングはコード一つひとつの音の構成であるのに対し、コード進行はコードの動きによって曲全体（またはその一部）のハーモニーを形成するものだ。

コード進行を語るためには、曲の構成にどうしても触れなければならない。「オーヴァー・ザ・レインボー」は多くのジャズの「スタンダード」（定番曲）と同様に、AABAの構成になっている。歌詞の冒頭"Somewhere over the rainbow..."から始まる部分はAセクションであり、"Someday I'll wish upon a star"はBセクションに当たるわけだ（日本のジャズ用語ではBセクションは「サビ」と呼ばれる）。それぞれのメロディに沿ってコードが移り変わることが「コード進行」だと理解すればよい。

テイタムの演奏では、斬新なコードヴォイシングに加えて「オーヴァー・ザ・レインボー」のコード進行を次々と変えていくことが最大の聴き処だと言える。数例を見ていこう。まず、演奏の冒頭のメロディ（最初のAセクション）では、テイタムが曲従来のコードと明らかに異なる、意外なコードを次々と加えており（0:17–0:21）、このような「代理コード」や「追加コード」はメロディのBセクションでも使われている（0:40–0:43）。さらに、即興のメロディを作りながら別のハーモニーを当てているところもある（1:39–1:44など）。

以上、アート・テイタムの一九三九年録音の「オーヴァー・ザ・レインボー」を事例に挙げたのは、(1)誰もがなじんでいるメロディであり、(2)ソロピアノ演奏であるためベースなどほかの楽器に耳を捉えられることもなく、そして(3)単独のコードヴォイシングもコード進行に対する変化も、すべて使っているためである。

今日でもジャズピアニストがリスナーにとってなじみ深い曲に新鮮味を加えたいとき、アート・テイタムが一九三〇年代に築いた方法を使う。テイタムのハーモニーへのアプローチは、それほど時代の先を行くものだった。

3　ジャズピアノの奏法を聴き分けよう

モダンジャズピアノにはいくつかの奏法がある。最も標準的なのは、左手でコードを不規則なリズムで刻みながら右手で単音の旋律を弾くことだが、サウンドにメリハリを加えたいときや、演奏を盛り上げたいときに、別の奏法を盛り込むこともある。ピアノトリオ黄金時代の一九五〇―六〇年代に使われた三つの奏法を、録音や動画の事例を挙げながら簡単に紹介する。

ユニゾン奏法

一または二オクターヴ離して、両手で同じ旋律を同時に弾く奏法である。同じ単音の旋律を同時に弾くのでハーモニーによるサウンドの広がりは得られないが、ピアニストがソロの中で片手の旋律からいきなりユニゾン奏法に切り替えると、鍵盤の違う音域で同じ旋律が鳴っているだけに、サウンドには変化が加えられる。とくに猛スピードでユニゾン奏法が使われると、リスナーに興奮を与える効果があり、演奏がいっそう盛り上がることにつながる。

両手を常に使いこなしているクラシック系のピアニストならともかく、モダンジャズピアノでは左手は主にコードを弾くためにしか使われないため、猛スピードでのユニゾン奏法を自由自在に弾きこなせるピアニストは例外である。オスカー・ピーターソンはもとより、二オクターヴのユニゾン奏法を広めたと言われるフィニアス・ニューボーンJr.はその例外の代表格。ニューボーンの煌《きら》びやかなユニゾン奏法はユーチューブの動画で観られるから、ぜひ確認してもらいたい。アメリカの一九六〇年代初期の短命のテレビ番組“Jazz Scene USA”に出演したニューボーンは、「オレオ」の即興演奏の中で何度かユニゾン奏法を挟み、しかもいかにも楽そうに即興で弾きこなしているため、なおさら感動させられる。ほかにユニゾン奏法を得意とするピアニストには、モンティ・アレキサンダーやベニー・グリーン、ジェフ・キーザーなどが挙げられるが、三人ともピーターソンまたはニューボーンから相当の影響を受けた。

ブロックコード

右手が鍵盤の高音域でオクターヴまたはオクターヴに「ソ」などの音を加え、左手が離れた位置で同時に――つまり、同じリズムで――コードを弾くことを「ブロックコード」と言う。以下に触れる「ロックハンド奏法」と混同されがちだが、本書では厳密に使い分けている。ブロックコードは一九四〇年代のエロル・ガーナーのピアノスタイルに遡るという見方ができる。ただし、ガーナーは右手でオクターヴを弾くと言うよりも四、五本の指を使ったコードを弾くことがあるため、いっそう濃密なサウンドを打ち出した。むしろ、一九五〇年代に通常のブロックコードを作り上げたのはアーマッド・ジャマルだったようである。ジャマルはガーナーと同じピッツバーグの出身であり、先輩だったガーナーから多大な影響を受けた。

だが、日本のジャズファンにとってブロックコードの代表格はレッド・ガーランドだろう。ジャマルの軽やかなタッチと〈間〉を活かしたピアノサウンドが大好きだったマイルス・デイビスが、自分のバンドに入ったばかりのガーランドに対し「ジャマルのように弾いてくれ」と依頼したことが、ガーランドの軽快なピアノスタイルの由来だと言われる。実は、それまでガーランドはバド・パウエルを彷彿させるビバップピアノを弾いていた（チャーリー・パーカーの一九五三年録音のリーダー盤『アット・ストーリーヴィル』で演奏しているガーランドは、まるで別人に聴こえるほどピアノスタイルが違う）。

デイビスのバンドに入ってから、ガーランドはブロックコードを十八番にするように変わった。たとえば、デイビス・クインテットの一九五八年録音の『マイルストーン』に収録されているピアノトリオ演奏「ビリー・ボーイ」では、ガーランドはメロディにおいても即興演奏においてもブロックコードを中心に使っている(この数年前にアーマッド・ジャマルが同じ曲を、ほぼ同じアレンジで弾いていたから、ガーランドのこの有名な演奏はジャマルの前例を踏襲しているわけだ)。

ロックハンド奏法

ロックハンド奏法は英語で"locked hands"、つまり「手錠で連結された手」の意味から来ており、ピアニストの両手がまさにくっついて動く故の呼称である。ブロックコードと同様にビッグバンドのサウンドを彷彿させることが狙いである。ただし、ブロックコードは広がる大きなサウンドでありながらハーモニーの変化が少なく、それに対してロックハンド奏法は一オクターヴ以内に収まる濃密なサウンドであり、メロディ音が変わるたびにコードヴォイシングが一緒に変わるため、いっそう変化に富んだハーモニーが得られることが魅力である。ただし、しばしば変化するため、ロックハンド奏法はブロックコードに比べて弾きにくく、また近年のジャズピアノ界ではあまり使われないが、ピアノトリオ黄金時代の一九五〇―六〇年代にはよく使われた。また、この奏法は使い手によってサウンドがだいぶ変わるため、ピアニストの個性が現れやすく、リスナーにとってはピアニストを聴き分けるためにも注目に値する。

ロックハンド奏法はミルト・バックナーが作ったと言われる。バックナーは忘れ去られたピアニストだが、ライオネル・ハンプトンのビッグバンドでアレンジャー兼ピアニストを務め、さらにトロンボーン、ヴィブラフォン、そして一九五〇年代からはハモンドオルガンを開拓した奏者の一人でもあった。小柄なバックナーは手も小さかったが、ロックハンド奏法では大きなサウンドを打ち出すことができた。彼がロックハンド奏法を使った初期の録音では、歌手ダイナ・ワシントンのデビュー録音にもなった「イーヴル・ガル・ブルース」（「悪女のブルース」一九四三年録音）がお勧め。当時、一九歳だったワシントンが思い切って歌う悪女ぶりもおもしろいが、彼女の歌に入る前にバックナーが長いロックハンド奏法のソロを披露していて、初期のその奏法の事例として聴き甲斐がある。

動画でロックハンド奏法を観るのも参考になるので、ついでに二つを紹介しよう。まず、ジョージ・シアリングのオリジナル曲「コンセプション」（一九五〇）でのピアノソロは右手の単音旋律から始まるが、途中でシアリングはロックハンド奏法に切り替える（1:58-2:26）。メロディもコードも一緒に相当の早さで動き、その際シアリングの手首の柔らかさが見て取れる。もう一つのロックハンドの動画は、一九五一年の「ホット・ハウス」だが、これはチャーリー・パーカーが唯一アメリカのテレビ番組で演奏した映像としても歴史的な意義がある。ディジー・ガレスピーも共演しており、リズムセクションはあまり知られていない白人のピアノトリオだが、意外にもピアニストは若きディック・ハイマンである。「意外」と言うのは、アメリカのジャズピアノ界では、ハイマンはモダンジャズよりもラグタイムやストライドなど初期のピアノスタイルの研究および演奏で知られているからだが、この動画の短いピアノソロから確認できるように、彼はれっきとしたビバップも演奏でき、しかもソロでは右手の単音旋律の間に滑らかなロックハンド奏法も挟んでいる。

本章では、モダンジャズのピアノ演奏の諸要素と奏法に加えて、聴き方のコツを紹介してきた。次章ではジャズのピアノトリオの歴史を概観してから、後世のピアノトリオの土台を作った二人のピアニストに注目する。

第二章　初期のピアノトリオ

本章では初期のピアノトリオを概観し、とくにナット・キング・コールとバド・パウエルに重点をおきたい。この二人は対照的なピアノスタイルを築き上げたが、誰よりもモダンジャズのピアノトリオの土台を築いたと言える。

1　モダンピアノトリオ前史

リズムセクション

一九三〇—四〇年代前半はビッグバンド全盛時代。当時の多くのジャズファンにとって「ジャズ＝ビッグバンド」、そしてビッグバンドは広大なボールルームなどで行われるダンスミュージックだった。

ピアノトリオはビッグバンドのリズムセクションから独立して成り立った。普通のビッグバンドのリズムセクションはピアノ＋ギター＋ベース＋ドラムで構成されていたが、初期のピアノトリオはピアノ＋ベース＋ギターが主流であり、前述したように一九五〇年代半ばからギターの代わりにドラムが使われるトリオが定着した。

また、広大なダンスホールで行われたビッグバンドの演奏とは違い、ピアノトリオは小ぢんまりとしたバーやクラブで、リスナーが座って酒を飲みながら身近に演奏を聴く(または会話にふけりながら演奏を無視する)ことができた。クラブのオーナーにとって、高価な空間を借りる必要はなく、大人数のバンドを雇う必要もないためギャラを抑えることができ、おまけに演奏中でも酒代で稼げることが利点だった。

ピアノトリオの誕生

ジャズ史の定説によると、ピアノトリオという編成は一九三七年にナット・キング・コールがロスアンゼルスで結成したピアノ＋ベース＋ギターのグループに由来する。だが、同時期にクラレンス・プロフィットというピアニストがニューヨークで同じ編成のトリオを結成し、しかも両氏は同じく一九三九年に初のトリオ盤を発表している。さらに、あまり記憶されていないことだが、一九三五年にベニー・グッドマン楽団のピアニストだったジェス・ステイシーが、ベースのイスラエル・クロスビーとドラムのジーン・クルーパによるトリオ録音を発表しており(曲名は「バレルハウス」と「ザ・ワールド・イズ・ウェイティング・フォー・ザ・サンライズ」)、その翌年にはメアリー・ルー・ウィリアムスが、ベースのブッカー・コリンズとドラムのベン・シグペンとのトリオで「コーニー・リズム」や「オーヴァーハンド」など数曲を録音している。ちなみに、ベン・シグペンは一九六〇年代のオスカー・ピーターソン・トリオのドラマーとして知られるエド・シグペンの父であり、イスラエル・クロスビーは一九五〇年代のアーマッド・ジャマル・トリオのベーシストだった。とは言え、ジャズ界でピアノトリオを最も普及させ、この新しい編成の魅力と可能性を誰よりも示したのは、ナット・キング・コールだったことに変わりはない。

コールのトリオに倣い、アート・テイタムが一九四三年、オスカー・ピーターソンとアーマッド・ジャマルが一九五一年にそれぞれピアノ・ベース・ギター編成のトリオ盤を発表し、しばらくの間ピアノトリオの主要な編成となっていた。厳密に言えば、コールは初めてのピアノトリオを結成したと言えなくても、「ピアノトリオの父」と呼んで過言ではない。

2　ナット・キング・コール

過小評価されたピアニスト

ナット・キング・コール（一九一九?―六五）はジャズ史上、最も過小評価されてきたピアニストであるかもしれない。それは筆者の意見だけでなく、ビル・エヴァンスをはじめ数々のジャズピアニスト共通の見解だったようだ。コールは一般のジャズファンの間では「ピアノも弾く歌手」というイメージが強いようだが、彼のピアノスタイルおよびトリオのサウンドに影響されたピアニストには、ハンク・ジョーンズ、オスカー・ピーターソン、アル・ヘイグ、ジョージ・シアリング、アーマッド・ジャマル、ホレス・シルヴァー、ハンプトン・ホーズ、レッド・ガーランド、トミー・フラナガン、ビル・エヴァンス、そしてウィントン・ケリーがいる。後年にデビューしたピアニストでは、モンティ・アレキサンダーやベニー・グリーン、ビル・チャーラップなどもコールの影響を受け、弾き語りではレイ・チャールズやダイアナ・クラール、ジョン・ピザレリ（g, voc）のバンドにもコールの影響が聴き取れる（レイ・チャールズの名前に驚く読者は、彼の一九四九年のデビュー盤「コンフェッション・ブルース」を聴けば納得するだろう）。

実際に、ジャズ史におけるナット・キング・コールの貢献はピアノトリオという新編成の普及に留まらず、多方面に及ぶ。

コールのピアノスタイルの出発点はアール・ハインズに見いだせる。ピッツバーグ出身のハインズは一九二〇年代にシカゴに移住し、そこでルイ・アームストロングと何枚もの歴史的な録音を行った。一九二九年から四〇年まで、ハインズはシカゴのグランド・テラス・ボールルームで自分のビッグバンドを率いていた。そのダンスホールはたまたまコール家のすぐそばにあり、若きコールは一〇代前半から入り口辺りでハインズのピアノに聴き入っていたそうだ。ハインズは同時代のあらゆるピアニストと異なるスタイルを築き上げ、モダンジャズにも通じる側面があったが、最大の特徴は右手のトランペットを彷彿させるサウンド、そしてリズムに対する大胆な冒険心にあった。コールの録音では、ハインズの影響は一九四三年録音の「スイート・ジョージア・ブラウン」によく現れている。イントロでの右手のオクターヴ使いや素早いアルペジオがハインズを彷彿させ(0:00–0:10)、両手が鍵盤全体を跳び回ることや(1:50–1:54)、ハインズの十八番だった不規則かつトリッキーなリズムもところどころに現れている(1:57–2:00など)。

別の編成の録音ではあるが、一九四六年のレスター・ヤング(ts)とバディ・リッチ(d)とのトリオでは、ベースがいないためコールの左手がいつもより活発に動き回り、変化に富んだベース音を加えており、ハインズを彷彿させるリズムの冒険が際立つ(「サムバディ・ラヴス・ミー」

でのピアノソロが好例)。

しかし、そうした情熱的な演奏や冒険的なリズムだけではなく、普段の演奏ではコールはいかにもリラックスしたクールな雰囲気を醸し出している。また、ジャズピアノ史上最大のミニマリストと呼べるカウント・ベイシーほどではないにせよ、コールのピアノサウンドには音数が少なく、とりわけ無駄な音はほとんどない。加えて、優れたタッチのおかげで一音一音が明瞭に響き、どんなテンポであろうとコントロールの効いた生き生きしたサウンドを打ち出している。

コールの奏法

コールの演奏には聴き処が多々ある中で、弾き語りであろうと器楽のみの演奏であろうと、最大の醍醐味は何と言ってもあのリラックスしたスインギーなリズムにあると思う。また、軽やかな聴き心地のよいサウンドを基盤としながらも、彼はブルースやブギウギという「黒人のルーツミュージック」もサウンドに盛り込んだことは聴き逃せない。コールはディープ・サウスのアラバマ州に生まれ、小学校に上がる前に家族が北部の「ブルースの都」とも呼ばれるシカゴに移住したために、ブルースとブギウギを身近に聴きながら育ったが、彼の洗練された軽やかなピアノサウンドの根底にはブルースが流れていることも注目に値する。

一例として一九四四年の「イージー・リスニング・ブルース」が挙げられる。曲名が暗示する通り聴きやすいブルースではあるが、オスカー・ムーアのギターソロに対するコールのコードヴォイシングや代理コードは、意外にビバッパー達のサウンドに近い(1:21–1:27; 2:14–2:17)。ムーアは過小評価された先駆的なジャズギタリストであり、彼のソロプレイもコール・トリオの聴き処である。コールのブルース演奏のさらなる事例として、一九四一年録音の「アーリー・モーニング・ブルース」が挙げられる。イントロでコールは左手で典型的なブギウギのパターンを刻み始めたと思いきや、パターンの音を少し省き(0:00–0:06)、通常のブギウギとは異なる方向に演奏を展開する(0:09–0:16; 0:36–0:39; 1:33–1:46)。

コールのピアノサウンドがあまりにも聴き心地がよいため、彼の先進的なハーモニーに気づきにくいが、一九四〇年前後のジャズ界では、ハーモニーにかけてコールはデューク・エリントンとアート・テイタムに次いで最先端を行くミュージシャンだったと言われる。エリントンとテイタムとは違い、コールの斬新なハーモニーは主にロックハンド奏法で現れた。いち早くミルト・バックナーのロックハンド奏法を、いっそう濃密かつ複雑なサウンドに変容させたこともコールのジャズピアノ史への見逃された貢献の一つである。

コールのロックハンドサウンドはバックナーより滑らかでクールに聴こえ、器楽の演奏のみならず、歌いながら自分のバッキングを弾くときにもよく使う(一九四六年の「ジャスト・ユー、ジャスト・ミー」と「ルート66」、そして翌年の「ホエン・アイ・テイク・マイ・シュガー・トゥ・ティー」など)。

だが、コールのロックハンド奏法の最大の名演はピアノトリオや弾き語りにおいてではなく、一九四四年七月にロスアンゼルスで開催された初のJATP(Jazz at the Philharmonic)のジャムセッションで弾いた「ボディ・アンド・ソウル」のピアノソロにおいてだと言われる。J・J・ジョンソン(tb)やイリノイ・ジャケー(ts)、レス・ポール(g)などとの共演であり、コールは歌うことなく、れっきとしたピアニストである故に参加の依頼を受けたわけだ。この曲でコールはジャムセッションならではの遊び心をよく表しており(ピアノソロの中で「ラプソディ・イン・ブルー」をはじめ数曲の別のメロディを挟み、聴衆を笑わせている)、演奏全体を大いに盛り上げている。だが、聴き処は彼のロックハンド奏法の斬新なハーモニーにこそあると思う。

JATPでのピアノソロは同年一月に録音されたトリオ演奏のソロを大まかに踏襲しているので、トリオ盤も聴き比べることをお勧めするが、ジャムセッションではさらに鮮やかなサウンドを打ち出しているので注目したい。まず、「ボディ・アンド・ソウル」のイントロやほかの楽器のバッキングにおいてもロックハンド奏法を使っている箇所があるが、ピアノソロ(6:06–7:40)では終始使っており、そのコードヴォイシングは当時のジャズ界では相当に新鮮に響いた。

そのピアノソロが半年前のトリオ録音の内容をだいたい踏襲しているため、あるいは彼は即興演奏は苦手だと思うかもしれないが、同じJATPのセッションで「ブルース」とだけ名付けられた演奏を聴けば、コールが即興演奏も得意だということに納得させられる。とくにギターのレス・ポールとの遊びながらの即興のやり取りを聴けばよい(6:51-9:41)。と言うのは、ポールが弾いたばかりのフレーズに対してコールが即座に「答えて」いるが、それは明らかに即興で行われており、しかもその中でも斬新なハーモニーを挟んでいるところがある。

コールとビバップ

最後にコールのジャズへの貢献として、彼とビバップとの関係について軽く触れたい。あまり認識されていないようだが、コールはチャーリー・パーカーともディジー・ガレスピーともある程度の交流があった。確かにコールのピアノスタイルはバド・パウエルのような純粋なビバップに間違えられることはないが、ビバップ以前のほかのピアニスト達とは一線を画している。強いて言えば、コールはアール・ハインズやテディ・ウィルソンとバド・パウエルをつなぐ橋渡し的なピアニストである。とくにコールの左手の使い方は、テディ・ウィルソンやジェス・ステイシーなどのスイング系のピアニスト達よりビバッパー達に近い。すなわち、ベースと共演する際は左手を控えめに使っており、右手の即興メロディの合間に不規則にコード(または一、二音だけ)を挟む。その感覚は現在の主要なジャズピアノ奏法とさほど変わらないところに、ナット・キング・コールのモダンジャズとの近似性——そして、モダンジャズピアノの発展への貢献——が窺える。

要するに、ナット・キング・コールは単なる「ピアノも弾く歌手」でもなければ、モダンジャズ以前の中堅的なピアニストでもない。同時代の誰よりもピアノトリオの可能性と魅力を示し、斬新なハーモニーと新鮮な奏法を導入した、モダンジャズピアノの基盤を築いた先駆者的存在である。それこそ、ナット・キング・コールに触れずにピアノトリオの歴史も、モダンジャズピアノの発展史も語れないほど、重要なミュージシャンである。

3 バド・パウエル

ビバップピアノの父

ナット・キング・コールがスイングとビバップをつなぐ「失われた環」だとしたら、バド・パウエル(一九二四―六六)はビバップピアノの代表格であり、彼のピアノスタイルはモダンジャズピアノの原点だと言える。ピアニストとしてコールはミディアムテンポの曲を好み、常にリラックスしたスイング感でクールな雰囲気を醸し出しているのに対し、パウエルは猛スピードで即興演奏に挑み、情熱がひしひしと伝わってくる。パウエルは多くのビバッパーと同様に、ゆったりしたテンポの曲を弾いても、即興フレーズを二、三倍の速度(いわゆる「ダブルタイム」など)で弾く傾向があるためスピード感が際立つ。

また、コールのピアノサウンドは聴きやすく親しみやすいが、パウエルの代表的な演奏は「聴きやすい」とは呼べないだろう。少なくともパウエルの一九四〇年代後半から五〇年代初期の演奏は、リスナーに相当な集中力とエネルギーを求める。だが、その努力を惜しまないリスナーは稀なる創造性豊かな即興演奏を味わえるだろう。

パウエルのピアノスタイルは一九四七年のデビュー盤『バド・パウエル・トリオ』の発表当初からすでに完成されていた。そのスタイルの最大の特徴は、何と言っても右手の猛スピードで繰り出される煌びやかな、単音による即興旋律(以下、「ライン」とも呼ぶ)にある。右手に比べ、パウエルの左手は存在感が薄く、単調にすら聴こえることが少なくない。それこそ、ユーチューブなどでパウエルのピアノソロを採譜して上げているサイトは少なくないが、彼のスタイルはあまりにも右手に重点がおかれるため、多くの譜面では左手の音が省かれている。要するに、パウエルは圧倒的に右手中心のピアノスタイルを作り上げたわけだ。あるいは、パウエルの右手はチャーリー・パーカーのアルトサックス、左手がマックス・ローチのスネアドラムのように使われる、と言い換えてもよいかもしれない。

『ジャズ・ジャイアント』

パウエルはチャーリー・パーカーのビバップ調の吹き方をピアノに「翻訳した」とよく言われるが、それはパウエルのオリジナリティをあまりにも軽視した言い方になると思う。確かにパーカーと同様に猛スピードの演奏を得意とし、ビバップ特有の三連符を多く含むリズム感を披露し、そしてオリジナリティに富む長い即興旋律を次々と繰り出す。だが、パーカーとパウエルの旋律自体を聴き比べると、さほど似ていないことは明らかだろう。また、パウエルのオリジナル曲も、彼が仰いでいたパーカーとセロニアス・モンクの曲群とは異なっており、独自のサウンドがある(「テンパス・フュージット」「ウン・ポコ・ローコ」「パリの大通り(Parisian Thoroughfare)」がほんの数例)。

パウエルはデビュー当初から精神的に不安定であり、精神病院に数回入院させられた(入院のいきさつや理由については諸説ある)。そのため、彼の演奏の出来栄えにはかなりばらつきが見られるが、以下取り上げるトリオ盤『ジャズ・ジャイアント』(一九四九年録音)では絶好調だった。ベースはレイ・ブラウン、ドラムはマックス・ローチであり、スタンダード曲もパウエルの印象的なオリジナル曲も含まれる。オリジナル曲では入魂バリバリの「テンパス・フュージット」はまず必聴であり、「ストリクトリー・コンフィデンシャル」の場合、即興演奏に加えて、イントロはセロニアス・モンクの「ラウンド・ミッドナイト」のイントロを彷彿させ、メロディは主としてロックハンド奏法で弾かれていることも聴き逃せない。パウエルの幼い娘のために作られた「セリア」は紛れもないビバップ調の演奏でありながらも、パウエルにしてはのんびりしたテンポとゆったりしたムードになっており、聴きやすいほうの演奏だと言える。だが、ここでは当時のスタンダード曲「オール・ゴッズ・チルン・ガット・リズム」を、複数の聴き方を紹介しながら取り上げたい。

演奏全体は三分余り、即興の部分は 0:30–2:46 である。読者には五回繰り返して聴いてもらいたいが、それでもわずか一〇分余りでこの演奏の醍醐味、そしてパウエル独自のピアノスタイルの特徴をかなり具体的に把握できるようになると同時に、新たな聴き方のコツも覚えることになると思う。

一回目は、演奏を最初から最後まで素直に聴いてもらいたい。パウエルを聴いたことがない読者は、そのただならぬスピード感と情熱に圧倒させられるかもしれない。

二回目以降は、0:30–2:46 の即興演奏だけに注目することになるが、二回目は鍵盤の低音域で鳴っているパウエルの左手の音だけに集中してほしい。そうすると(少なくともこのような速い演奏では)、パウエルの左手のサウンドはかなり単調であることが納得できるだろう。とは言え、繰り返し述べたようにパウエルの演奏の醍醐味はもっぱら右手のラインにこそあるから、以下その側面だけに注目しよう。

三回目は、右手の即興旋律において〈間〉(＝休符)を挟むところに注目して聴いてほしい。つまり、右手が弾いているときではなく、休んでいる箇所に注目するわけだが、そうすると彼のラインの長さを痛感させられるだろう。たとえば、0:37–0:43や1:17–1:23では一切休符を入れておらず、どれほど息の長い旋律を弾いているかが感じ取れるだろう。また、すさまじいスピード感のため、結果としてパウエルの単音旋律が夥《おびただ》しい音数で形成されていることにも気づかされる。言うまでもなく、演奏の質は「速度」や「音数」で決まるものではない。パウエルの場合、猛スピードで弾いていても、右手で次々と新鮮なフレーズを繰り出している故に、多くのジャズピアニストに仰ぎ見られたわけだ。言い換えれば、指が速く動いていることが注目に値するのではなく、「指の司令塔」であるパウエルの頭脳が恐ろしいスピードで回転しているから感心させられる、ということである。

普通のピアニストは同じスピードで即興演奏を続けると、どうしても弾き慣れたフレーズの比率が高くなる。ところが、パウエルはそうしたクリシェを極力避けて、常に新鮮なアイディアを打ち出し続けようとしているように聴こえる。もちろん、パウエルにせよチャーリー・パーカーにせよ、即興演奏で弾き／吹き慣れたフレーズに一切頼っていないわけではない。たとえば、「オール・ゴッズ・チルン・ガット・リズム」で弾くフレーズ(2:06–2:09; 2:31–2:32)は、同盤収録の「テンパス・フュージット」にも現れている(1:05–1:09; 1:30–1:34)。しかし、パウエルはほとんどのピアニストに比べ、そうした「弾き慣れたパターン」に頼らず、即興演奏に乗り出すたびに、失敗を恐れず全身全霊で新鮮な世界を切り開こうという意気込みが伝わってくる。その意味では、パウエルの即興演奏に対する姿勢は「果敢」とでも呼びたくなる。

さて、四回目のテーマは「ラインの方向性」である。つまり、旋律が上がるか下がるかを意識しながら聴くことだ。この聴き方で音の流れの大まかな〈輪郭〉をつかむことができるようになり、ソロがどのように構築され、どのようにヴァリエーションが盛り込まれるか、少し感じ取れるようになると思う。

そして、五回目に聴く際は、ベースとドラムが刻むビートに合わせて足踏みをするなり、身体でリズムを取りながら、パウエルのラインの中でのアクセントのつけ方に注目してほしい。パウエルは長い旋律が単調にならないように、たまに〈間〉を挟み、ラインの方向性を変えるほかに、アクセントをつけるビートを微妙にずらすという方法も使う。一例だけを挙げれば、前述の長いフレーズ(0:37–0:43)での音の強弱を聴けば、〈間〉は入れていないものの、アクセントを適切に変えているおかげで音の流れが単調になっていないだろう。この演奏はテンポがあまりにも速いため聴き取りにくいように感じられたら、「セリア」などもっとゆったりしたテンポの演奏で同じ聴き方を試してみるとよい。

言うまでもなく、以上の諸要素だけでパウエルの右手のラインのあらゆる特徴を把握することにはならないが、「音の情報量」を前よりも多く聴き取れるようになれば、耳が肥えてきているといえよう。また、ここで紹介した聴き方はほかのピアニストの演奏に対しても応用できるから、ぜひ試してもらいたい。

4　二人のトリオへの対極的なアプローチ

三つの楽器の関係性

ナット・キング・コールは「ピアノトリオの父」、バド・パウエルは「モダンジャズピアノの父」と呼べる。最後に、この二人のピアノトリオへのアプローチについて一言、付け加えたい。

コールのトリオにはドラマーがおらず、ギターというもう一つのコード楽器が含まれるため、ハーモニーがぶつからないようにかなり綿密なアレンジが行われた。また、コールはギターのオスカー・ムーアにもよくソロを与え、ベースはあくまでもバックグラウンドに潜んでいるきらいがあるものの、二人のソロイストを含むトリオだったと言える。

コールに比べ、パウエルのトリオへのアプローチはかなりワンマンのように聴こえる。たとえば『ジャズ・ジャイアント』では、マックス・ローチという切れ味鋭いダイナミックなドラマー、そして優れたベーシストだったレイ・ブラウンが共演しているにもかかわらず、ローチにもブラウンにもソロを与えることは少ない。しかも、パウエルのトリオ盤ではローチがブラシしか使っていない(使わせてもらえない)ことにも留意すべきだと思う。と言うのは、同時期にこの三人はチャーリー・パーカーと共演したが、その際はパウエルのピアノソロに対してローチはスティックをよく使っている。また、パウエルと同年にセロニアス・モンクもピアノトリオ盤でリーダーとしてレコードデビューしたが、モンクのトリオではドラマーのアート・ブレイキーはスティックをためらいなく使っており、ドラムソロで始まるイントロもあれば、途中でドラムソロが含まれる曲も多い。要するにパウエルは、あくまでも自分のトリオでは前面に出て、ベースもドラムもある程度控えめな役割に徹することを求めたようだ。

次章以降確認するように、ピアノトリオによってベーシストとドラマーの存在感が大きく異なり、そのためサウンド全体も異なるわけだ。そのような違いに注目することも、各トリオの特徴を把握するために役立つから、念頭におきながら様々なトリオを聴いてみよう。

第三章　名盤を聴きなおす（1）

本章と次章では、ピアノトリオの名盤を取り上げる。第三章では一九五五―五九年の間に録音されたアルバムが対象となり、第四章では一九六〇―六五年に録音されたトリオ盤が中心となる（チック・コリアの一九六八年の『ナウ・ヒー・シングス、ナウ・ヒー・ソブス』が唯一の例外）。たった一〇年間ではあるが、その間に数々の歴史に残るトリオ盤が発表され、それこそ「ピアノトリオ黄金時代」と呼ぶにふさわしいため、本書ではこの時期に重点をおいている。

ジャズ初心者にとっては、これから多種多様な優れたピアノトリオ盤と出会うことになる。読み進みながら一枚一枚を聴くと、ジャズに対する「鑑賞力」の基盤ができるはずである。熟練したジャズファンの読者の場合は、これから二章にわたり、何度も聴き返してきたピアノトリオの名盤を新たな角度から捉えることにより、聴き慣れた録音がいっそう新鮮に響くようになると予想される。なお、本章に登場するピアニスト達を以下のように分類してみた。この分類法にあまりこだわらないでほしいが、それぞれのカテゴリー内のピアニスト達に共通の特徴を浮き彫りにするため、あえて使ってみることにしたわけだ。

（1）「グルーヴィー」――エロル・ガーナー／アーマッド・ジャマル／レッド・ガーランド
（2）「ブルージー」――ハンプトン・ホーズ／ジーン・ハリス／ジュニア・マンス
（3）「渋い」――ハンク・ジョーンズ／トミー・フラナガン／レイ・ブライアント

この中では「グルーヴィー」でいろいろな聴き方を具体的に紹介しているため、三つのカテゴリーの中で最も長くなった。残りの六枚のアルバム――そして、次章に登場する八枚のトリオの名盤――では、一、二曲だけを対象にしており、聴き処を数点に絞ることにした。

ちなみに、この二章で取り上げる「名盤」の大半は、アメリカのジャズファンの間では知名度が意外に低く、インターネット音源の普及までアメリカ国内では入手も困難だった。アメリカ出身の一人のジャズファンとして情けないように思うのだが、長年にわたりそれが実情だった。

1　グルーヴィー

グルーヴとは

ここで言う「グルーヴィー」とは、“groove”がとくに顕著に現れているサウンドを指す。ジャズの「スイング感」と同様に「グルーヴ」はなかなか定義しにくいが、要するにリスナーが自然に踊りたくなるような、少なくとも身体を動かさずにいられないようなノリノリのリズムのことを意味する。ただし、同じアフリカアメリカ音楽の中では、モダンジャズよりもリズムアンドブルースやソウル、ファンクなどのほうがグルーヴに重点をおくと言える。そもそも、これらのジャンルは基本的にダンスミュージックであり、強力なビートとベース音、それに反復されるリズムパターンが共通の特徴である。

しかし、ジャズピアノ界においてもグルーヴが現れることがある――ラムゼイ・ルイスやジョー・サンプル、レス・マッキャンなど「ソウルジャズ」のピアニストがまず思い浮かぶが、以下確認するようにスインギーかつ軽やかなフォービート系のピアニストの中にも、しっかりしたグルーヴを打ち出すピアニストがいる。エロル・ガーナー、アーマッド・ジャマル、そしてレッド・ガーランドが好例。具体的に見ていこう。

エロル・ガーナー『コンサート・バイ・ザ・シー』(一九五五)

エディ・カルフーン(b)、デンゼル・ベスト(d)

このアルバムは発売されてから三年間で一〇〇万ドルの売り上げを記録し、当時ジャズ史上最大のベストセラーだった。しかも、それから一度も廃盤になったことはないようだ。ところが、このアルバムはもともと録音される予定ではなかった。演奏会場近くの軍事基地専属ラジオ局のＤＪがガーナーのファンであり、コンサート会場にテープレコーダーを持ち込んで録音した。後に軍人達のためにラジオで一回だけ放送することが目的だったようだが、持ち込まれた録音機器に気づいたガーナーのマネージャーが、ＤＪに対して「エロルのレコードをすべて贈呈するが、テープは私が預かる」と言った。そして終演後、コロンビアレコードのプロデューサーに聴かせたことが、レコードになるきっかけだった。アマチュアによる録音のためベースとドラムの音がよく聴こえず、ピアノの調律も狂っている。それでも、この演奏は今日まで幅広い層のリスナーを魅了し続けてきた。ピアノトリオを語る上で欠かせない名盤である。

エロル・ガーナー(一九二一―七七)はナット・キング・コールと同様に、ジャズ界を超える人気ミュージシャンになったため、ピアノトリオの発展への貢献が過小評価されがちだが、その貢献は多方面に及ぶ。まず、彼はバド・パウエルやセロニアス・モンクより三年も早くピアノ＋ベース＋ドラム編成のピアノトリオで録音を行い、終生それを主要な編成として活躍した。また、コールと異なって歌わずに人気を集め、ピアノトリオの魅力を広く知らしめた貢献も侮れない。加えて、アーマッド・ジャマルやレッド・ガーランドが愛用した奏法であるブロックコードはガーナーのピアノスタイルに由来すると言えよう。つまり、ガーナーはナット・キング・コールやバド・パウエルとともに、一九四〇年代にピアノトリオの基盤を築いたと言える。その意味では、ガーナーを前章で取り上げてもよかったが、『コンサート・バイ・ザ・シー』は一九五五年の録音だから、本章で取り上げることにしたわけである。

まず、エロル・ガーナーのピアノスタイルの主な特徴をまとめてみたい。

1　ピアノ＝オーケストラ　バド・パウエルに代表されるビバップ系のピアニスト達は、右手に圧倒的な重点をおいたため、左手——そして、ピアノの低音域そのもの——があまり活かされなかった。対照的に、エロル・ガーナーは鍵盤を端から端まで使いこなし、ピアノを管楽器ではなくオーケストラとして使っていた。左手で鍵盤の低音域の音も積極的に盛り込み、右手は単音のメロディラインばかりでなく、大きなコードでいっそう充実したサウンドを打ち出した。しかも、ガーナーは右手でコードを弾く際に、普通のピアニストが弾く単音のラインとほぼ同じスピードと滑らかさで弾いてしまう。『コンサート・バイ・ザ・シー』では、その奏法が数々の曲で現れている。「ティーチ・ミー・トゥナイト」のようにメロディを弾くときに挟むこともあれば(0:15–0:18; 0:36–0:40; 0:50–1:07)、「枯葉」のように即興演奏の中で長く弾き続けることもある(2:42–3:32)。

ガーナーの「オーケストラ的サウンド」は両手の動く方向性によっても現れる。たとえば、「ティーチ・ミー・トゥナイト」で右手のメロディが上がっていくのと同時に左手が主に下がるところがあるが(0:25–0:27; 2:34–2:38)、その結果、サウンド全体にさらなる広がりが得られる。

2　両手の独立性　ジャズファンなら、エロル・ガーナーが「ミスティ」の作曲家であることや、一生楽譜が読めるようにならなかったこと、あるいは身長が一五二センチと小柄だったため、ピアノ椅子にマンハッタンの分厚い電話帳をおき、その上に座って演奏していたことなどのエピソードを聞いたことがあるかもしれない。だが、ガーナーのピアノスタイルを把握するためには、彼について別の特徴を知る必要がある。すなわち、彼が稀なる「両刀使い」だったということだ。たとえば、両手で同時に名前をサインすることや、両手で絵を描くこともでき、ゴルフやテニスも両手でプレイできるほど、両手を同様に——しかも独立して——使えた。また、ガーナーは三歳から独学でピアノを弾き始め、七歳で地元ピッツバーグのラジオ番組に出演し、一五歳で歌の伴奏の仕事のためニューヨークまで行ったほど音楽の才能に恵まれた人間だった。その生まれつきの才能と両手を自由自在に使い分けられる能力が、ガーナー独自のピアノスタイルの土台になった。

とくに両手を独立して使えるという能力は、ガーナーが打ち出す強力なスイング感およびグルーヴと密接に関わっている。カウント・ベイシーのビッグバンドのリズムギターの名手フレディ・グリーンのごとく、ガーナーの左手は鍵盤の中音域でビートに合わせて1-2-3-4と一拍ごとにコードを弾く。そして、右手で鍵盤の中音域から高音域にかけて単音の旋律や、五本の指を全部使って押さえる大きなコードを弾くが、基本的に右手は左手とは別のリズムで動いている。しかも、ガーナーは左手が刻むビートに対し、右手のリズムを緩急自在に操っていることが大きな特徴である。ガーナー独自のリズムの捉え方を感じ取るのには、読者は左手とベーシストが一緒に刻む1-2-3-4のビートに合わせて足踏みをしながら右手のリズムに注目すればよい。基本的に右手はビハインド・ザ・ビートでやや遅らせて弾くが、遅れる度合いを微妙に変えることがある。たとえば、「ゼイ・キャント・テイク・ザット・アウェイ・フロム・ミー」の約1:40から、両手のリズムの関係に注意して聴けば、ガーナーが自由自在に、左手と右手との時間差を微妙に変えていることに気づくだろう――右手が左手より大幅に遅れている場合もあれば、微差でしか遅れていない場合もあり、ぴったり合っている場合もある。普通のピアニストがそのように弾くとリズムがぎくしゃくして聴こえるが、これこそガーナー特有のグルーヴの原点である。

さらに、左手のギター奏法の合間に、不規則なリズムと打楽器的なタッチでベース音を挟むことがある（「アイル・リメンバー・エイプリル」では0:47–0:58、「イッツ・オール・ライト・ウィズ・ミー」では1:54–1:58、「ウェア・オア・ウェン」では1:28–1:34）。要するに、左手と右手が別のリズムで動いているのみならず、リズムの差を自由自在に操りながら両手で複数の奏法を使い分け、演奏を展開しているわけだ。独学でピアノを覚え、楽譜が一切読めなかったものの、ガーナーの演奏自体は紛れもない名人芸である。
3　ダイナミクス　音楽用語で「ダイナミクス」とはいろいろな意味で使われるが、ガーナーの演奏の場合、サウンドの〈強弱〉および〈厚み〉の使い分け方として理解すればよいだろう。たとえば、ガーナーは演奏にメリハリを加えるため、大音量で大きなコードを弾いてから鍵盤の高音域で軽やかな単音旋律に切り替えることがある（「ティーチ・ミー・トゥナイト」の1:30–1:42が一例）。これはアーマッド・ジャマルやレッド・ガーランドのブロックコードから単音旋律に切り替えるパターンの原点だと思われ、とりわけ一九五〇年代では数々のピアニストが取り入れた方法である。
4　創造的なイントロ　最後に、ガーナーの独創的なイントロに触れなければならない。本アルバムを聴いたことのあるジャズファンだったら、きっと一曲目「アイル・リメンバー・エイプリル」の大胆なイントロを覚えているだろう——強靱な打楽器的タッチ、不規則なリズム、不協和音交じりの不気味なサウンドから始まるイントロがいったいどんな曲に「化ける」か、あるいは当の本人でさえも予め決めずに弾き始めたのかもしれない。実際に、ガーナーは共演者に対しても曲目や音調などを一切知らせないで弾き始めることで有名である。共演者はハラハラさせられるが、聴衆は浮き浮きと期待感を与えられる。旺盛な遊び心をもつガーナーならではの「ゲーム」のようにも感じられるが、彼の即興イントロは完成した小作品として聴ける場合もある。

両手を個別に独立して使いこなすエロル・ガーナーは、ピアノトリオを率いているとは言え、結局はワンマンバンドのような印象を与える。ベースとドラムにはほとんどソロを与えることもなく、アルバム全体においてベーシストもドラマーも存在感が薄いと言わなければならない。だから、エロル・ガーナー・トリオを聴く際は、エロル・ガーナーという独特かつ秀逸のピアニストを中心に聴くことになる。

確かなグルーヴを打ち出しながらも、ガーナーよりバランスの取れたピアノトリオのサウンドを作り上げたのは、ガーナーに大きな影響を受けた、同じピッツバーグ出身の後輩ピアニストだったアーマッド・ジャマルである。

アーマッド・ジャマル『アット・ザ・パージング』(一九五八)

イスラエル・クロスビー(b)、ヴァーネル・フォーニア(d)

アーマッド・ジャマル(一九三〇―二〇二三)は矛盾に富んだピアニストに映る。三歳からピアノを弾き始め、一一歳でピアノのコンペでフランツ・リストの難曲を弾くほどのテクニックを身につけたものの、大ヒットになった『アット・ザ・パージング』はミニマリズムを基盤とする、ごく控えめなピアノスタイルで注目を集めた。ただし、その注目は必ずしも好意的ではなかった。一般のリスナーの間で人気を博し、マイルス・デイビスをはじめミュージシャンの間では高く評価されることもあった反面、ジャズ評論家および一部のジャズファンは、ジャマルを「味気ないカクテルピアニスト」と酷評していたことも事実である。

デイビスはジャマルの軽やかなタッチ、〈間〉を活かした控えめな表現、そして演奏全般に対するコンセプトに感心したそうだ。また、デイビスの一九五〇年代のバンドが演奏した曲群のうち、一〇曲以上はジャマルが先に「発見」し、トリオで演奏していた。しかも、ほかのジャズミュージシャンがまだ手掛けていない曲がほとんどだった。また、レッド・ガーランドが一九五五年にデイビスのクインテットに入ったとき、リーダーに「ジャマルのように弾いてくれ」と言われたことは前述した通りである。要するに、マイルス・デイビスの一九五〇年代の名クインテットのサウンドは、アーマッド・ジャマルのピアノスタイルおよび独自の美学にかなり依拠している側面があったわけだ。とは言え、デイビスのクインテットもレッド・ガーランドも、ジャマルのような批判には晒されなかった。

では、ジャマルはなぜ「カクテルピアニスト」と見下されたのだろうか。おそらく最大の理由は彼が鍵盤の最高音域を多用するからだろう(「バット・ノット・フォー・ミー」では1:00–1:30、「ゼア・イズ・ノー・グレイター・ラヴ」では1:17–1:42など)。確かにカウント・ベイシーもレッド・ガーランドも鍵盤の高音域を比較的よく使うが、ジャマルほどではない。高音域のサウンドは「軽やか」や「かわいい」ように聴こえがちであり、使いすぎると「軽薄」に聴こえてしまう恐れがある。ジャマルのピアノサウンドがどうしても好きになれないジャズファンは、おそらくこの側面に引っかかっているのだろう。

しかし「カクテルピアノ」という表現は、基本的に聴き流しやすいBGMのことを指すのだが、ジャマルのピアノスタイルはかえってリスナーの注意を引く側面がある。たとえば、彼はリスナーにとってなじみ深いメロディを、予想外のサウンドに変容させる方法をしばしば使う。このアルバムの代表的な演奏「バット・ノット・フォー・ミー」が好例(レコードのオリジナル版のジャケットには「ライブ・アット・ザ・パージング——バット・ノット・フォー・ミー」と記載されている)。録音当時のリスナーにとっては、その曲のメロディが流れ始めたら、冒頭部分の歌詞“They're writing songs of love, but not for me”(「ラヴソングを作っているけど、私のためじゃない」)が自然に思い浮かぶはずだが、ジャマルのメロディの弾き方では一番肝心な“me”の音を省いてしまう。これはライブ録音だが、その場にいたリスナーからすれば、いきなりメロディに穴がぽかんと空いてしまったように感じただろう。その意味でジャマルの弾き方は、聴き流しやすいBGMに適しているというよりも、聴衆の注意を引くような効果がある。「ゼア・イズ・ノー・グレイター・ラヴ」でも似たような方法を使いながら、メロディ内のリズムを大きく変化させているところがあるため、リスナーの注意を引く(0:40–0:50)。

ジャマルのピアノスタイルでさらに聴き逃せないのは、彼が同時代の多くのピアニストより幅広い奏法を盛り込んでいたことである。一例を挙げれば、「バット・ノット・フォー・ミー」では鍵盤の最高音域での長い単音による即興演奏の後、鮮やかなロックハンド奏法に切り替わるところがあり(1:31–1:36)、ブロックコードを使うところもある(1:37–1:45; 2:37–2:50)。しかも、彼は奏法を使い分けるのみならず、タッチを使い分けてダイナミクスによる変化も大切にしている(ピアノの音量の変化だけに注意して聴けばわかりやすい)。

仮にアーマッド・ジャマルのピアノスタイルが軽すぎるように感じられるとしても、トリオ全体が打ち出す強力なグルーヴは聴き応えがあると思う。そのグルーヴがトリオのサウンドの根底に流れているという意味においても、彼の音楽は通常の味気ないBGMとは一線を画していると言えよう。グルーヴこそジャマル・トリオの人気の要因だったかもしれない。

エロル・ガーナーは基本的に一人で、両手で独立したリズムを使い分けることによって強力なスイング感とグルーヴを打ち出したが、ジャマルはベーシストのイスラエル・クロスビーとドラマーのヴァーネル・フォーニアと一緒にグルーヴを作り上げている。その点、フォーニアの貢献は特筆すべきだと思う。フォーニアがジャマル・トリオに加わったのは一九五七年であり、それまでのジャマル・トリオはナット・キング・コールと同様に、ピアノ＋ベース＋ギターの編成を使っていた。その編成の録音を本盤と聴き比べたら、トリオのサウンド作りにおけるフォーニアの存在がどれほど大きいか明らかとなろう。彼はニューオーリンズ出身のクレオール系のドラマーだが、昔からニューオーリンズのドラマー達はグルーヴを得意としており、後年のジャマル・トリオのドラマーを務めたイドリス・ムハンマドもハーリン・ライリーもニューオーリンズ出身だったことは偶然ではないだろう。そのようなドラマーを選んだことからも、ジャマルは自分のトリオのサウンドにグルーヴを重視していたことが窺えるだろう。

「バット・ノット・フォー・ミー」においても、フォーニアを中心に普通のフォービートとは異なるグルーヴを打ち出しており(0:14辺りからのドラミングに注目)、アルバムのヒット曲になった「ポインシアナ」の演奏全体を通して、グルーヴの主役はフォーニアである。ジャマル・トリオでフォーニアは通常ブラシを使っていたが、「ポインシアナ」では、右手はマレットで交互にスネアドラムとタムタムを叩き、左手はスティックでベルを鳴らしている。そして、本人の証言によると、そのリズム感覚自体はニューオーリンズのドラミング伝統に由来するという。もちろん、ジャマル自身もトリオのグルーヴに貢献しており、2:10–2:22や2:29–2:40で左手で弾くヴァンプが好例。

要するに、アーマッド・ジャマル・トリオの大きな特徴の一つは、同時代のほかのピアノトリオに比べて三人がバランスよく、かなり同等にサウンド作りに貢献していることである。次章でビル・エヴァンス・トリオの画期的なインタープレイについて詳述するが、エヴァンスの当時のトリオが結成されるまで、ジャズ界では、ジャマル達ほど三人がバランスの取れたサウンドを作り上げたピアノトリオはなかったと言ってよいだろう。

レッド・ガーランド『グルーヴィー』(一九五六)

ポール・チェンバース(b)、アート・テイラー(d)

レッド・ガーランド(一九二三–八四)が一九五五年にマイルス・デイビスのクインテットに入ったとき、「ジャマルのように弾いてくれ」と頼んだのは、「そうしたほうが、レッドは一番いい演奏をするからだ」とデイビスは自伝で振り返った。

デイビス・クインテットに入ってからのガーランドのピアノスタイルはジャマルを踏襲して

いるとは言え、二人の相違点も見逃せない。まず、ガーランドは鍵盤の高音域を多めに使うものの、ジャマルほど多用しない。また、ジャマルと違ってガーランドの右手のラインは基本的にビバップのリズムを踏まえており、しかも彼は独自の卓越したメロディ感覚をもっている。そして、ジャマルのトリオに比べてガーランド・トリオは綿密な編曲に依拠しないため、即興演奏が占める比重が大きい。

『グルーヴィー』の一曲目「Cジャム・ブルース」から明らかなように、ガーランドのピアノサウンドには様々な魅力がある――右手のスワリのよい軽快な即興旋律(0:33–3:03; 5:50–6:56)、ビッグバンドを彷彿させる大きなサウンドのブロックコード(3:04–4:11)、そしてブロックコードと単音ラインを交互に使うことから生まれる痛快な"tension and release"(緊張感と解放感――6:57–7:35)。さらにカルテット以上の演奏では、気の利いた即興イントロや絶妙のバッキングもガーランドの醍醐味である。だが、ガーランドのグルーヴに触れずには、彼のピアノスタイルを十分に語れないと思う。

アーマッド・ジャマル・トリオはドラムのヴァーネル・フォーニアを中心にグルーヴを打ち出しているのに対し、ガーランド・トリオではピアニストの左手が刻むリズムがグルーヴの土台となる。正確に言えば、右手が単音中心のラインを弾くときに、左手でコードを刻むリズムがガーランド独自のグルーヴを打ち出す要因である。もちろん、そのグルーヴはベースとドラムが刻むリズムとの関係の上で成り立っているが、ガーランドの左手が刻むリズムは独自のグルーヴの主役だと言ってよい。また、トリオ演奏でのガーランドの左手のリズムは、カルテット以上の編成の演奏で管楽器のバッキングを弾くときのリズムとおおよそ同じなので、いったん聴き取れるようになったら、ガーランドが参加した数々のカルテット以上のアルバムもいっそう満喫できることにつながると思う。

『グルーヴィー』のグルーヴの事例として「Cジャム・ブルース」の1:25–1:40におけるガーランドの左手のリズムに注目したい。当時のピアノトリオ盤としては「Cジャム・ブルース」でのガーランドのソロは長いほうだが、以下この一五秒間を繰り返し聴いてもらうことになる。目的は、読者自身が身体でガーランドの左手が刻むリズムを感じ取るようになることである。いったんそれができるようになったら、ガーランド独自のグルーヴを実感として把握するようになるはずだ。左手の音だから意識しにくいものの、この左手で打ち出されるリズムこそガーランド特有のノリの原点である。なお、「Cジャム・ブルース」でのガーランドのソロの始めの部分を選ばなかったのは、同じリズムが中心にはなっているものの、微妙なヴァリエーションが加えられているため、ややわかりにくいからである。

まず、「Cジャム・ブルース」の演奏全体を一、二度聴いてから、1:25–1:40だけに注目しよう。最初はベースが刻む1–2–3–4のリズムに合わせて足踏みをしながら二、三回繰り返し聴いてもらいたい。これは基本的なビートであり、それを始めに身体で感じ取ることが大切である。チェンバースは、はずみをつけるため装飾音を使って(1:25)リズムを微妙に変えるところもあるが、基本的に「ダウンビート」に合わせて弾いている。つまり、読者の足がベース音と同時に床に当たることになるわけだ。

次にガーランドの左手が弾くコードに注目してもらいたい。ベース音に合わせて足踏みをしていると、ガーランドのコードがその合間に鳴っていることに気づくだろう。具体的に言えば、ガーランドは右手で軽快な即興ラインを繰り出しながら、左手でずっと二拍目と三拍目の間、そして四拍目と次の一拍目の間の「アップビート」でコードを刻んでいる。しかし、これは言葉で理解するのではなく、あくまでも身体で感じ取ることが肝心である。そのため次の「練習法」をお勧めする。すなわち、数回繰り返し聴きながらベース音に合わせて足踏みをするが、今度はガーランドがコードを刻むタイミングにぴったり合うように手を叩く、またはテーブルや膝などを叩いてみてもらいたい。ミュージシャンでなければ、始めは難しいかもしれないが、これさえできるようになったら、レッド・ガーランド特有の軽快なグルーヴがしっかり身につくと思う。

レッド・ガーランドと言えば、軽やかな単音ラインと大きなブロックコードのサウンドを連想するジャズファンが多いだろう。確かに、その両面は大きな特徴である。だが、この名盤のタイトルが示すように、彼のピアノサウンドの原点はグルーヴにこそある。

2　ブルージー

様々なブルース

「ブルース」というのは一つの音楽ジャンルを指す。器楽を中心に発展したジャズとは違い、ブルースをはじめとするほとんどのアフリカアメリカ音楽では歌が中心になっている。また、通常のジャズバンドとは違い、ブルースの主楽器はギターやハモニカ(「ブルースハープ」と呼ばれる)などであり、弾き語りの演奏が多い。米国内では地方によって特有のブルース伝統がある。たとえば、デルタブルース(チャーリー・パットン、ロバート・ジョンソン、サン・ハウスなど)、テキサスブルース(ブラインド・レモン・ジェファーソン、ライトニン・ホプキンス、Tボーン・ウォーカーなど)、ピードモントブルース(ブラインド・ブレイク、ブラインド・ボーイ・フラー、サニー・テリーとブラウニー・マギーなど)である。読者がもしこのような従来のブルースを聴いたことがなければ、以下のピアノトリオ盤に触れる前に数例を聴くようにお勧めしたい。ジャズにおけるブルースとの類似性も見られるが、数々の違いも浮き彫りになるはずだ。また、ブルースにも幅広いサウンドが含まれることに気づくだろう。

ただし、ジャズ界で「ブルース」と言うと、以上のような伝統的なサウンドを指すと言うよりも、特定の演奏様式を指す場合が多い。様式自体はごくシンプルである——わずか一二小節の長さ、基本的に三つのコードで形成され、そしてメロディや即興演奏では「ブルース音階」に含まれる音が中心に使われる。たとえば「Cジャム・ブルース」の場合、基調はCだからコードはC7―F7―G7、音階はC―E♭―F―G♭―G―B♭―Cになる。その中で♭のついた三度、五度、そして七度の音(この場合はE♭、G♭、B♭)は「ブルーノート」と呼ばれ、その音が多く含まれる演奏が何となく「ブルージー」に聴こえる場合がある(楽器を弾かない読者はインターネットでブルースの基本的なコード進行や音階を聴くとよいかもしれない)。もちろん、もっと複雑なヴァリエーションはたくさんあり、ジャズミュージシャンがブルースを演奏する際は、ほかのコードやブルース音階以外の音を加えることが普通である。

ブルースをはじめアフリカアメリカ音楽の歌では、ワンノートを歌いながら音程を微妙に変化させるという歌い方があり、ジャズヴォーカルにおいても現れる。ブルージーでソウルフルなジャズ歌手ダイナ・ワシントンが歌う「シンス・アイ・フェル・フォー・ユー」(一九六二)が好例。厳密に言えば、この曲の様式はブルースではないものの、きわめてブルージーなサウンドになっている。歌詞は“You made me leave my happy home”から始まり、最初の一音節である“you”と最後の“home”に対して、ワシントンは音を伸ばしながら音程、音色、音量そしてリズムなど複数の変化を加えている。たったワンノートの中に豊かな世界が現れているわけだ。また、よく聴けば、彼女が歌う前のイントロでは、トランペットやトロンボーンが人間の声を彷彿させるサウンドを打ち出しているが、これもアフリカアメリカ音楽共通の特徴だと言える。

ブルースの伝統楽器であるギターやハモニカでも歌手の歌い方を真似ることが常套手段だが、ピアノは楽器の構造上、一つの音を弾いてから変化させることは(振動している弦を直接いじるような特殊な方法を使わない限り)できない。せいぜい「スラー」(slur)や「トレモロ」(tremolo)で代行するほかにない(以下、具体例を挙げる)。つまり、ピアノはほかのジャズ楽器に比べてブルースを表現することに向いていないと言える。それでも、ハンプトン・ホーズ、ジーン・ハリス、そしてジュニア・マンスのようなジャズピアニストは、楽器のそのような限界にもかかわらず、ごくブルージーなサウンドを打ち出している。

ハンプトン・ホーズ『ハンプトン・ホーズ・トリオ Vol. 1』(一九五五)

レッド・ミッチェル(b)、チャック・トンプソン(d)

ハンプトン・ホーズ(一九二八―七七)はロスアンゼルスで生まれ育った。ブルースとロスアンゼルスを連想する人は少ないようだが、二〇世紀半ばにはテキサスとオクラホマ州から大勢の黒人が移住し、それらの地方が生み出した特有のブルース伝統がジャズと交わり、後年には

「西海岸ブルース」(West Coast Blues)と呼ばれる音楽に発展した。そもそもテキサスやオクラホマ発祥のブルースは軽快なリズムが特徴であり、ジャズのスイング感と共通する側面がある。

ハンプトン・ホーズ、そしてブルースが得意だったテキサス出身のレッド・ガーランドはサウンドが違うものの、二人とも軽快なリズム感を共有している。その要因はいろいろあるに違いないが、似たような系統のブルースが盛んだった町で育ったことが関係していると考えられる。また、ホーズの父親は牧師であり、母は父の教会でピアノを弾いていたので、彼は子供の頃から黒人教会の音楽を身近に聴きながら育った。ただし、一部の敬虔な黒人キリスト教信者と同様に、ホーズの両親はジャズとブルースを「悪魔の音楽」と蔑視していたため、始めホーズは隠れながらジャズピアノを練習していたそうだ。

ジャズを聴き始めた頃にホーズはブギウギに惹かれ、それからファッツ・ウォーラーとアート・テイタムを聴くようになり、その後はナット・キング・コールが好きになったそうだが、チャーリー・パーカーを聴いたとたん、すっかりビバップの虜になったと述べている。それこそ、自分のピアノスタイルに最大の影響を及ぼしたのはほかのピアニストではなく、パーカーだったと本人は断言している。多くの同時代のビバッパーとは違い、ホーズは(パーカーと同様に)ブルースを得意としていた。パーカーが育ったカンザスシティにもテキサスとオクラホマからのブルースミュージシャンがたくさんいたので、この二人は似たようなブルース系統になじんでいたという意外な共通点が浮かび上がる。

『ハンプトン・ホーズ・トリオ Vol. 1』はまさに「ビバップ＋ブルース」と集約できるアルバムである。最初の二曲（「アイ・ガット・リズム」と「ホワット・イズ・ジス・シング・コールド・ラヴ?」）のコード進行は数々のビバップ曲に借用されており、ビバップのミュージシャンに最も演奏される二曲かもしれない。

「アイ・ガット・リズム」はビバッパー好みの速いテンポで演奏され、三連符が多く含まれる長いフレーズもビバップ調だと言える。確かに、多くのビバップピアニストと同様に、ホーズのスタイルは右手の即興ラインに重点がおかれるものの、左手は単調な動きに陥ることなく、両手で弾くロックハンド奏法を挟むところもある（1:18–1:23）。

「ホワット・イズ・ジス・シング・コールド・ラヴ?」は一分余りのルバートのソロピアノ演奏から始まり、ベースとドラムが1:10に入り、フォービートのテンポに合わせてメロディが展開される。ホーズのピアノソロ（1:44–3:26）では、長いビバップの単音ラインを中心に弾きながら、ところどころ右手でコードを含むブルージーなフレーズ（2:13–2:17）に切り替え、ロックハンド奏法を挟むところもある（2:18–2:20）。

だが、本盤の中でホーズのピアノスタイルを把握するために一曲だけを選ぶなら、オリジナル曲「ブルース・ザ・モースト」を選びたい。と言うのは、この演奏こそビバップとブルースの両面が遺憾なく表現されているからである。まず、ビバッパー好みの三連符のフレーズ(つまり、1-2-3, 1-2-3と数えられるフレージング――1:18-1:33が一例)や、二倍のスピードで弾かれるダブルタイムの長いフレーズも現れる(1:43-1:51; 2:41-2:45; 3:23-3:36)。しかし、ブルージーなサウンドを醸し出す方法もよく使われている。たとえば、ブルース音階中心のフレーズ(1:38-1:42; 3:20-3:22)や、スラー(0:07; 0:14; 0:18)やトレモロ(0:19; 0:39)や「溜め」(1:04-1:09)などである。そして、ホーズ特有のごくスインギーなロックハンドサウンド(1:55-2:12; 2:45-2:55; 3:02-3:08)も、ブロックコード(3:09-3:17)も現れている。このような様々な奏法を織り込むことにより、ホーズはサウンドにメリハリをつけながらハーモニーに「厚み」を加えている。この即興演奏はまさに「ブルース+ビバップ」であり、しかもホーズが築き上げたピアノスタイルはほかのピアニストに間違えられることがないほど独自のものである。

最後に、このトリオ自体について一言付け加えたい。これから数々のピアノトリオを取り上げる中で確認するが、トリオによって三人の共演者のバランスやサウンド作りへの貢献度が異なる。エロル・ガーナーのトリオのごとくリーダーの存在しか際立たないようなトリオもあれば、ピアノ／ベース／ドラムがおおよそ同じ比重を占める場合もある。だが、リーダーである以上、普通はピアニストがトリオの主役だと言える。それでも、ベーシストよりドラマーの存在が際立つトリオもあれば(セロニアス・モンクやマッコイ・タイナー)、逆にドラマーよりベーシストのほうが大きな存在に聴こえるトリオもある(オスカー・ピーターソンやビル・エヴァンス)。ハンプトン・ホーズのこのトリオでは、ベーシストのレッド・ミッチェルのほうがドラマーのチャック・トンプソンより存在がはるかに大きいと言える。まず、ほとんどの曲でミッチェルはソロを与えられており、ホーズのソロにおいても、ピアニストと活発な対話を交わしている場面がある。対照的に、トンプソンはあくまでも二人の陰に潜み、ブラシを中心に支え役に留まっている。

レッド・ミッチェルは優れたソロイストであり、温かい音色と、ベーシストの中では稀なる歌心をもっている故に、ホーズがソロの機会を多めに与えているのだろう(彼の卓越したソロ術の一例として「ブルース・ザ・モースト」の3:37–4:38をお勧めする)。それこそ、同時代のピアノトリオの中で、ハンプトン・ホーズ・トリオのレッド・ミッチェルほどソロを多く与えられたベーシストはいないようにも思える。したがって、この名盤を聴く際は、ホーズのハキハキしたピアノサウンドもさることながら、レッド・ミッチェルの優れたバッキングとソロプレイも聴き逃せない。

ジーン・ハリス『イントロデューシング・ザ・スリー・サウンズ』(一九五八)
アンディ・シンプキンス(b)、ビル・ダウディ(d)

本盤は単に『ザ・スリー・サウンズ』として発売されることもある。ジーン・ハリス(一九三三―二〇〇〇)が一七年間にわたり率いたピアノトリオのデビュー盤である。このトリオのブルージーなサウンドは普通のジャズファンばかりでなく、リズムアンドブルースやソウルジャズの愛聴者の間でも人気を集めた。その反面、同時期に人気を博していたアーマッド・ジャマルと同様に、一部の評論家やジャズファンからは、おなじみの「軽薄」のレッテルがこのトリオに対しても貼られた。

それは理解できなくもない。確かに、安直に聴こえる側面もある。まず、ハリスは数曲でヴィブラフォンのおもちゃ版に聴こえる「チェレスタ」という鍵盤楽器を使っているが、そのサウンドが安手に響くことがある。また、アルバムの選曲やアレンジメントに対して抵抗感を覚えるところもなくはない。たとえば、最終曲「オ・ソレ・ミオ」は省いてもよかったように思えるが、曲のラテンリズムの合間に挟まれるゴスペル風のピアノサウンドはなおさら演奏を損ねているように聴こえる。一曲目の「テンダリー」の場合、通常はバラードとして演奏されるが、ハリス達はラテン風に演奏している。そのアレンジメントは曲を新鮮に塗り替えるというより、ただ安易な工夫のように響いてしまい、さらにハリスがメロディに対して使うスタッカート的なタッチも気になる。

しかし、「テンダリー」の即興演奏に入ったとたんに(1:11)、そのような気がかりは一気に吹っ飛んでしまう——ベースがスインギーなフォービートのリズムに切り替わり、ドラムがタムタムとスネアでヴァーネル・フォーニアを彷彿させる痛快なグルーヴを打ち出し、そしてハリスが聴き心地よいブルージーなピアノサウンドにリスナーを引き込む。要するに、このアルバムでの選曲やアレンジメントに対して気になるところはあるものの、即興演奏が始まる瞬間から、トリオが本領を発揮するわけだ。その魅力の原点は、何と言ってもジーン・ハリスのブルージーなピアノサウンドにある。

ハリスはそのブルージーなサウンドをいくつかの方法で作り上げている。まず、本来はバラードの「テンダリー」にせよ、ディジー・ガレスピーのビバップ曲「ウッディン・ユー」にせよ、即興演奏で彼は普通のジャズミュージシャンよりブルース音階の音を多用する。さらに、スラーも多めに使う。スラーの通常の奏法では半音上の音に滑るように弾くが、ピアノでは黒鍵から白鍵に滑ったほうが弾きやすい(たとえば、E♭からE♮に)。「テンダリー」でハリスは単音のスラー(2:40–2:45)を使用しているばかりでなく、コードの中の一音をスラーで弾く場合もある(2:21–2:26)。ほかにブロックコードでリズムを「溜めて」から同じ音を素早く繰り返し弾く方法も愛用する(「ブルー・ベルズ」の1:24–1:31が一例)。

しかし、以上のテクニックは比較的簡単だ。難しいのは、それにブルースフィーリングが伴っていることである。「フィーリング」と言うからにはどうしても曖昧な表現になるが、それが最も現れやすいのはゆったりしたテンポの曲だと思う。その意味では、本盤の「ウィロー・ウィープ・フォー・ミー」がとくにお勧め。メロディの弾き始めから複数のブルース奏法が次々と現れる――メロディの合間にブルーノートのフレーズを挟み、スラーを繰り返し使い、そしてリズムの「溜め」も使っている(0:12-0:34)。しかも、これらの奏法をいわば「指先」だけで弾いている印象を全く受けない。とくにこのようなゆったりしたブルージーな演奏で、ハリスは一切力むことなく、ごく自然にその濃厚なブルースフィーリングをリスナーに伝える。ピアノトリオでとりわけ「ブルージー」なサウンドを耳にしたいとき、ジーン・ハリス――そして、次に取り上げるジュニア・マンス――に勝るピアニストはいないだろう。

ジュニア・マンス『ジュニア』(一九五九)

レイ・ブラウン(b)、レックス・ハンフリーズ(d)

シカゴ発祥のフリージャズ集団AACM(Association for the Advancement of Creative Musicians)の創立者の一人リチャード・エイブラムスは、「シカゴから出てきたミュージシャンには、ブルースが弾けない奴はいない」と言ったことがあるが、ジュニア・マンス(一九二八―二〇二一)も例外ではない。

このデビュー盤では、シンプルな聴き心地のよいピアノスタイルとレイ・ブラウンのスインギーなどっしりしたベース音が醍醐味である。マンスはジーン・ハリスと同様にきわめてブルージーなピアニストではあるが、初期の頃のピアノサウンドはもっと控えめで軽やかだと言える。それこそ本盤の場合、マンスはジーン・ハリスよりもカウント・ベイシーを連想させるところがある――ベイシーと同様に、一見、何も難しいことを弾いていないのに、強力ながらリラックスしたスイング感、濃厚ながら出しゃばらないブルースフィーリング、絶妙のタイミングに加え、最小限の音数で最大限の表現を目指す。簡単そうでなかなか真似できるピアノスタイルではない。

またベイシーと共通しているのは、マンスはリズムセクションを「引っ張って」いくのではなく、「乗っかって」いくように演奏するところである。『ジュニア』では、マンスが主に乗っかっているのはレイ・ブラウンのベース音である。あるいは、ブラウンと共演しているからこそ、本盤でマンスは一切力むことなく、余分な音を弾かず、ごく自然な演奏を展開している、と理解すべきかもしれない。マンスがほかのベーシストと共演した後年のトリオ盤と聴き比べると、そのようにも思えてくる。

さて、一曲目の「ア・スムース・ワン（A Smooth One）」を中心に、マンスのピアノスタイルおよびレイ・ブラウンの貢献を掘り下げよう。意外なことに、この曲の著作権はベニー・グッドマンにあるが、主にグッドマンと共演した名手ギタリスト、チャーリー・クリスチャンのアイディアから成り立っているそうだ。クリスチャンが参加した一九四一年のグッドマン・セクステット(六人編成)の録音では、曲名は“A Smo-o-oth One”と記されていたが、マンスが本盤で弾いている曲と同じである。ただし、グッドマン達の録音を先に聴いてからマンスのトリオ演奏を聴くと、マンス達のほうがはるかに濃厚なブルースフィーリングを醸し出していることがわかる。それは様々な奏法に現れている。まず、ブルーノートの多用に加え、イントロの冒頭から右手でスラーをよく使っており(0:01–0:13など)、トレモロを使うところもある(1:11–1:12)。また、右手のフレーズに対して左手が答えるというコールアンドレスポンスも盛り込んでいる(1:05–1:06; 1:09–1:10など)。

しかし、何よりもブルースらしい「溜め」を使っていることが、マンスの濃厚なブルースフィーリングを表していると思う。それはグッドマン達のオリジナル録音と聴き比べたらいっそう明らかとなろう。「ア・スムース・ワン」は定番のAABA(第一章参照)の構成だが、マンスの演奏ではAセクションの最後のフレーズを溜めて弾いている(0:29–0:31; 0:44–0:46)。グッドマン達の録音ではおおよそ0:20–0:21と0:33–0:34に該当するが、同じフレーズのはずなのにずいぶん違うように聴こえる。それは「溜め」の効果である。

しかし、本盤ではマンスのシンプルかつブルージーなピアノサウンドも魅力に満ちているものの、最大の醍醐味は何と言っても、そのサウンドを包むレイ・ブラウンのすこぶるスインギーな深いベース音にあると思う(ドラムのレックス・ハンフリーズは主にバックで支え役に徹している)。「ア・スムース・ワン」では、ブラウンはマンスの即興ラインに対してぴったりと合ったベースラインを提供するばかりでなく、マンスが使う音域に対して即座に反応してサウンドのバランスを保っている。たとえば、マンスが主に鍵盤の高音域をしばらく使っていると、ブラウンがベースの高音域から急にどっしりした低音域に移るところがあるが、その瞬間に現れる音の対照だけでも痛快に聴こえる(1:20–1:22; 1:29–1:33)。

レイ・ブラウンのスインギーなフォービートのプレイ(本曲では1:18から)はジャズ界屈指のものだが、ツービートのリズムの刻み方も絶妙であり、聴き逃せない。とくに本曲でのマンスの控えめな弾き方に対し、ブラウンが自由自在に様々なリズムのヴァリエーション(0:17–0:24)を盛り込むことがサウンド全体を完結させている。

本盤にはほかにも聴き甲斐のある演奏がたくさんある。ディジー・ガレスピーのマイナー調のブルース「バークス・ワークス」の前半ではハンフリーズはブラシで控えめにリズムを刻んでいるが、2:30辺りからスティックに切り替えてドラムロールを放つと演奏が一段と熱を帯び、マンスはブロックコードを適切に挟みながらメリハリを加えて演奏をいっそう盛り上げている。また、スローブルースである「ブルース・フォー・ビヴァリー」では、マンスは本格的なブルースプレイヤーであることを証明する。ゆったりしたテンポの単純なブルースだから弾きやすいと思われかねないが、実はこのようなゆったりしたテンポでブルースフィーリングを醸し出しながら、力まずに自然なサウンドにまとめられるジャズピアニストは意外に少ないように思う。このデビュー盤から明らかなように、ジュニア・マンスはジーン・ハリスと並んで、そのような演奏を得意とする少数派の一人である。

3　渋い

「渋い」ピアニストとは

「グルーヴィー」や「ブルージー」もそうだが、「渋い」という表現がどのミュージシャンに当てはまるかは、リスナーによって判断が分かれるだろう。だが、日本のジャズ界では、次に取り上げるハンク・ジョーンズ、トミー・フラナガン、そしてレイ・ブライアントが「渋い」ピアニストだと言えば、反論する人は少ないだろう。対照的に、「渋さ」を軽視するためか、アメリカのジャズ界では三人とも長年にわたり驚くほど過小評価され続けていた。

では、ジャズピアニストを「渋い」と言うとき、どういう特徴を指しているだろうか。概して言えば、控えめながら表現豊かなプレイを披露し、目立とうとしないタイプのミュージシャンを指すのだろう。あるいは、ピアニスト兼レコードプロデューサーだったディック・カッツがナット・キング・コールについて使った表現を借用すれば、「叫ぶような弾き方は決してしない」のに、常に生き生きしたサウンドを打ち出しているようなミュージシャンと言うことができよう。

ハンク・ジョーンズとトミー・フラナガンはともにデトロイト周辺で育ち、ピアノスタイルもかなり似ており、しかも二人ともバッキングの名手という定評がある。そのため、ジョーンズとフラナガンはよく一緒に語られるが、レイ・ブライアントはブルースとゴスペルを得意とするためか、彼らとは基本的に違うタイプのピアニストだと捉えられてきたように思える。確かに、彼らほどビバップの影響を受けなかったことをはじめ、違いはいろいろ見いだせるが、本質的に同じ「渋いタイプ」のピアニストであることを論じたい。まず、三人の「渋さ」を裏付ける共通点を挙げよう。

(1)タッチを大切にし、コードも単音もきれいに響かせること。
(2)両手を十分に使って、ピアノ特有の表現の可能性を活かそうとすること。
(3)メロディ、ハーモニー、リズムのバランスが取れたプレイを基盤にすること。
(4)三人ともアート・テイタム、テディ・ウィルソン、ナット・キング・コール、そしてチャーリー・パーカーから影響を受けてきたものの、それぞれの影響を十分に消化した上で独自の控えめなスタイルを築き上げたこと。

いかがだろうか。(1)は自明だろう。あえて付け加えるなら、三人とも打楽器的なタッチより繊細なレガート中心の弾き方を好むと言えよう。(2)と(3)はピアノならではの表現を活かし、サウンドのバランスを保とうとする姿勢を指す。たとえば、三人のうち、トミー・フラナガンは最もビバップに影響されたが、それでも彼のピアノスタイルはバド・パウエルほど右手の単音旋律に比重をおかず、鮮やかなコードヴォイシングでも知られる。また、レイ・ブライアントの場合、ブルースを得意としながらも、ジーン・ハリスのようなファンキーなブルースプレイヤーとは一線を画していると思う。要するに、これから取り上げる三人は控えめなスタイルを作り上げたのみならず、バランスの取れたサウンドに共通性が見いだせるというわけだ。(4)については以下、各自の演奏を具体的に取り上げながら説明を加える。

ハンク・ジョーンズ『ザ・トリオ』(一九五五)

ウェンダル・マーシャル(b)、ケニー・クラーク(d)

本章で取り上げるトリオ盤の中で、このアルバムは最も知名度が低いだろう。とは言え、演奏内容は十分に「名盤」と呼ばれるにふさわしいと思う。同じ録音が『ザ・ジャズ・トリオ・

オブ・ハンク・ジョーンズ』というタイトルで発売されたこともある。

ハンク・ジョーンズ(一九一八―二〇一〇)はビバップが現れる前からすでにプロとして活躍しており、自分のピアノスタイルもおおよそ確立していた。だが、ビバップが出現してからその要素も取り入れたばかりでなく、後にチャーリー・パーカーのレコードに参加することもあった。つまり、彼は右手でビバップという「新しい言語」(少なくともジャズの「新しい方言」)を十分に身につけたわけだ。ただし、ジョーンズは右手に圧倒的な重点をおくようなスタイルを嫌い、もっとバランスの取れたアプローチを目指していたようだ。それは、本人の次の発言からも窺える――「神様にせっかく手を二つ与えられたので、両方を使ったほうがいいと思った」と。

ジョーンズの「バランス重視」の姿勢は、このアルバムの共演者の選択にも反映されている。ウェンダル・マーシャルは一九四八―五五年にデューク・エリントン楽団のベーシストを務め、本盤が録音された時点では主にスイング系のミュージシャンとの共演で知られていた(トリオ盤では、エリントンの一九五三年の『ピアノ・リフレクションズ』にも参加している)。対照的に、ケニー・クラークはビバップ出現当初の先駆的ドラマーとして知られる。だが、本盤から明らかなように彼はブラシ使いの名手でもあり、ジョーンズとはすこぶる相性が良い。

ジョーンズ自身はビバップの出現以前と以後のそれぞれの要素を自分のピアノスタイルに盛

り込んだ。スイング時代の代表的なピアニストだったテディ・ウィルソンの優美なタッチと優れたメロディ感覚や、偉大なソロピアニストとして知られるアート・テイタムの鍵盤に対する完璧なコントロールと豊かなハーモニーにも憧れ、適切にそれぞれの要素を土台に据えながら、チャーリー・パーカーらが開拓したビバップの斬新なフレーズ感覚も加えた。言い換えれば、彼のスタイルは「ピアノらしさ」と「管楽器らしさ」を絶妙のバランスで融合したわけだ。ジョーンズのオリジナルである一曲目の「ウィアー・オール・トゥゲザー」には、そのバランス感覚がよく現れている。

まず、メロディの弾き方に注目しよう(0:05–0:45)。ジョーンズはここで普通のピアニストより多様な奏法を使っている。たとえば、メロディを弾く間だけでも次の奏法を織り交ぜている──(1)右手の単音旋律、(2)一オクターヴのユニゾン奏法、(3)ロックハンド奏法、そして(4)両手で押さえるコードである。ただし、それがあまりにも自然なサウンドにまとめられているため、よほど注意して聴かないと気づかないだろう。それも、ハンク・ジョーンズの「渋さ」と言える。

では、「ウィアー・オール・トゥゲザー」の即興演奏を見ていこう。メロディを弾き終え、短いブレイク(0:45–0:46)の後に、ジョーンズが右手の即興ラインを繰り出すかと思えば、ケニー・クラークとバトンタッチし、ブラシによる八小節に及ぶソロを与える(0:46–0:56)。その後はジョーンズの即興旋律が続くが、彼の即興ラインの中には歌いたくなるほど気の利いた短いメロディが次々とつなげられていく(0:56–1:00; 1:06–1:16; 1:55–2:04 がほんの数例)。優美なタッチとともにこうした洗練されたメロディ感覚にテディ・ウィルソンの影響が窺える。

ジョーンズの即興演奏の合間に、長さの異なる(ブラシによる)ドラムソロが数回挟まれている。ピアノトリオでは、ピアニストとドラマーが四小節または八小節ずつソロを交換することは常套手段である。英語のジャズ用語ではこれを"trading fours"または"trading eights"と呼ぶが、レッド・ガーランドがとくに愛用しており、その際ブロックコードと単音ラインを交互に使う場合が多い。だが、この演奏では、ジョーンズはもっと予想しにくい形でドラマーとソロを交わしているため、演奏の流れにいっそうの新鮮味が加わる。しかも、メロディに戻る前に短いベースソロも挟まれている(3:22–3:41)。このように、アルバムの一曲目から三人による生き生きした共演が展開されている故に、『ザ・トリオ』というアルバム名がつけられたに違いない。美しいコードヴォイシングが溢れる最終曲「マイ・ファニー・ヴァレンタイン」も必聴。

トミー・フラナガン『オーヴァーシーズ』(一九五七)

ウィルバー・リトル(b)、エルヴィン・ジョーンズ(d)

本盤は、トロンボーンのJ・J・ジョンソンがストックホルム来演中に率いていたバンドのリズムセクションだけによる録音である。トミー・フラナガン(一九三〇―二〇〇一)の卓越したバッキング術は、ソニー・ロリンズ(ts)の『サキソフォン・コロッサス』をはじめ、数々の名盤で披露されているが、このアルバムがリーダーとしてのデビュー盤になった。ちなみに長い間、『オーヴァーシーズ』はアメリカのジャズ界ではほとんど知られておらず、仮に知ったファンが入手したいと思っても、「幻の中古盤」または(後年では)日本製の輸入盤として手に入れるほかはなかった。対照的に日本では、長い間『オーヴァーシーズ』はピアノトリオの名盤中の名盤とされてきた。

フラナガンはハンク・ジョーンズより一回り年下だが、同じ地方で育った控えめな「渋いピアニスト」の代表格として、二人はよく比較される。上述したように、ジョーンズとフラナガンのピアノスタイルはかなり似ているが、相違点をあえて挙げるなら次のように要約できると思う。

(1)右手の単音ラインでは、フラナガンのほうがビバップ調のフレージングが際立つ。
(2)二人とも優美なタッチをもつが、ジョーンズのほうが(やや)レガートのタッチを好む。
(3)ジョーンズのほうが鍵盤の低音域を使う。

(4)フラナガンのコードヴォイシングのほうが斬新で鮮やか。

以上の四点はいずれもわずかな違いではあるが、念頭に入れながら『オーヴァーシーズ』の最初の二曲――チャーリー・パーカー作「リラクシン・アット・カマリロ」とビリー・ストレイホーン作「チェルシー・ブリッジ」――を対象に、フラナガンの渋いピアノスタイルを取り上げたい。

本盤の「リラクシン・アット・カマリロ」は、この曲のピアノトリオによる決定版だと言って過言ではないと思う。メロディの弾き方にせよ即興演奏にせよ、ほとんど非の打ちどころがないほど完成度が高い。まず、メロディの弾き方を見ていこう。

メロディに対してフラナガンは、ハンク・ジョーンズの「ウィアー・オール・トゥゲザー」のメロディの弾き方と同様に、複数の奏法を盛り込んでいる。一オクターヴのユニゾン奏法が中心だが、ほんの数秒ではあるが右手も左手も個別に単音フレーズを挟むところがある(左手の例は0:26)。しかし、メロディの弾き方で一番耳を引くのは、ユニゾン奏法の合間に挟まれる鮮やかなコードである(0:20–0:21; 0:26–0:29)。前述したように、ユニゾン奏法は両手で同じ音を同時に弾くため、音域による音の違いはあっても、コードから得られるハーモニーの広がりはない。そこでフラナガンが挟む鮮やかなコードはサウンドに厚みを加える効果がある。

調べてみると、本曲でのフラナガンのコードの大半は、ロックハンド奏法のヴォイシングに基づいている。つまり、左手で右手のメロディ音より一オクターヴ下の音(または、ヴァリエーションとしてオクターヴを三度下げた音)を押さえているため、濃密なサウンドが得られている。とくに、右手の単音旋律または両手のユニゾン奏法の合間に瞬時に挟まれるそのサウンドは、まるで夜空にぴかっと光った稲妻の閃光のごとく際立つ。

ヴォイシングの構成はわからなくても結構だが、ここで強調したいのは、フラナガンが単音またはユニゾンのラインで、ビバップの「管楽器らしい」フレージング(単音旋律)を中心に弾いていても、たまにその合間に注意を引くようなコードを挟むことによって「ピアノらしい」側面も現れる、ということだ。フラナガン自身はインタビューで、自分はピアノを管楽器のように扱っていると述べたことがあるが、彼のスワリのよいビバップ調の単音ラインと同じくらい、たまに挟まれる鮮やかなコードヴォイシングが彼のピアノスタイルの醍醐味だと思う。

また、「リラクシン・アット・カマリロ」で聴き逃せないのは共演者の貢献である。ベースとドラムにそれぞれ短いソロが与えられており、ウィルバー・リトルもエルヴィン・ジョーンズも一曲を通して生き生きとしたバッキングで存在感を現している。一例ずつを挙げるなら、0:55辺りからリトルはしばらくベースの高音域を使っているが、1:04で低音域に移る瞬間、フラナガンの軽快な即興ラインがいっそう際立って響く。ハンク・ジョーンズの弟エルヴィンは、一九六〇年代のジョン・コルトレーン・カルテットでの迫力に満ちたドラミングで知られるが、本盤で証明しているように彼のブラシの使い方も繊細かつ色彩に富んでおり、フラナガンの控えめなスタイルにも適応できる。即興演奏が終わり、フラナガンがメロディに戻ってからコードにアクセントをつける瞬間があるが、ジョーンズがそのニュアンスを引き立てるようにシンバルをやや強く鳴らすところが一例(2:56–2:57)。

ビリー・ストレイホーンは、長年デューク・エリントンの陰に潜みながらエリントンと一緒に楽団のための作曲と編曲を兼担し、単独で作った曲群の中には数々の印象的なオリジナル曲もある。そうしたオリジナル曲では「A列車で行こう」が最も有名だが、美しいバラードがとくに多く、「チェルシー・ブリッジ」もそんな一曲である。

「リラクシン・アット・カマリロ」でのフラナガンの両手のコードはメロディを弾くときに留まるが、もっとゆったりしたテンポで進む「チェルシー・ブリッジ」の場合、美しいタッチと豊潤なコードヴォイシング(1:14–1:21; 1:27–1:29; 1:45–1:48など)が最大の聴き処だと言える。耳を澄ませて聴くと、右手のコードに対して左手が鍵盤の中音域で半音ずつ「滑り落ちる」ように聴こえる奏法を使うところもある(1:05–1:06; 1:09–1:10)。何気ない装飾音だが、右手のコードに微妙な動きを加えており、いっそう複雑かつ豊かなサウンドに仕上げている。同じ奏法を高音域で使うところもある(1:14–1:21)。

ハンク・ジョーンズと同様に、トミー・フラナガンの演奏にはこのように聴き逃しやすい工夫が随所に現れている。だからこそ、『オーヴァーシーズ』を聴き返すたびに新たな発見と感動を覚える。

レイ・ブライアント『レイ・ブライアント・トリオ』(一九五七)

アイク・アイザックス(b)、スペックス・ライト(d)

あるイギリス人のジャズ評論家が、世界の中でレイ・ブライアント(一九三一―二〇一一)の真価を認めている国は日本だけだと書いたことがある。ブライアントはブルースとゴスペルを得意とするため、ジョーンズやフラナガンよりも、同じフィラデルフィア出身のボビー・ティモンズなどのファンキーなピアニストと一緒に語られることがあるが、本盤に反映されるように、彼は意外に洗練されたタッチをもっており、確かにブルージーではあるものの控えめな渋いピアノスタイルを作り上げた。ブライアントがゴスペル音楽の影響を受けたのは、母が牧師であり、姉はゴスペル音楽のピアニストだったと知れば当然だろう(姉はフィラデルフィアでゴスペルピアノの先生としても知られ、若きケニー・バロンの最初のピアノの先生でもあった)。

ブライアントのピアノスタイルについて触れる前に、本盤のトリオのサウンドのバランスについて言及したい。と言うのは、ドラマーのスペックス・ライトは、前述したハンク・ジョーンズやトミー・フラナガンのトリオ盤のドラマー達に比べて存在感が大きくなく、とりわけバッキングにおいて、ケニー・クラークとエルヴィン・ジョーンズほどサウンド作りに貢献していないように聴こえる。ただし、一九五〇年代のピアノトリオ盤では、そのような控えめなドラマーが主流派だったことも忘れてはいけない。本盤では、ライトに比べベースのアイク・アイザックスは少し存在感を現しているものの、やはり彼の貢献度はハンプトン・ホーズ・トリオのレッド・ミッチェルやジュニア・マンス・トリオのレイ・ブラウンには到底及ばないと思う。要するに、本盤では上記のピアノトリオほど強力な共演者に恵まれたとは言えないだろう。それでも、ブライアントの演奏自体は十分に聴き応えがある。以下、曲群をテンポ別に考えてみよう。

多くのジャズミュージシャンには得意なテンポと苦手なテンポがあるが、少なくとも本盤では、ブライアントはバラードとミディアムテンポの曲を得意としており、それに比べて速いテンポは苦手のように聴こえる(逆に大半のビバップ系のピアニストはバラードが最も苦手だろう)。速いテンポの事例としてオリジナル曲「スプリッティン」が挙げられる。メロディの弾き方は気にならないが、即興演奏に入ってからのブライアントのプレイはあまり冴えない。まず、短いフレーズを反復し、しかもそれらのフレーズを発展させないまま、単に並べているきらいがある(0:57–1:04; 1:17–1:37; 1:42–1:50)。また、フレーズを同じビートから弾き始める癖があるため、さらに単調に響く。

やはり、ブライアントはもっとゆったりしたテンポの曲で本領を発揮するようだ。バラードから始まり、すぐにミディアムテンポに切り替わるオリジナル曲「ブルース・チェンジス」が好例。この曲では即興演奏に入ると気の利いたフレーズをつなげていきながら自然に発展させていくが、終わった時点でリスナーは一つのまとまった物語を聴いた感慨を覚える。あるいは、ピアニストが誰なのか知らなければトミー・フラナガンではないかと聴き間違える箇所がある──タッチが滑らかで柔らかく、右手のフレーズにはクリシェが少なく、自然に発展させられており、フレーズ感覚自体もフラナガンを彷彿させるところがある(2:19-2:34)。ただし、コードヴォイシングとブルージーなエンディングは、フラナガンのサウンドとは明らかに違う。

全体としてブライアントの「角の取れた」サウンドは、同じくブルージーなホレス・シルヴァーやウィントン・ケリー、ソニー・クラークなどよりも、やはりハンク・ジョーンズやトミー・フラナガン、またはさらにマイルドなサウンドのジョン・ルイスに近いと思う。その三人と共通しているのは、コントロールの効いたレガート中心のタッチ、そして両手によるサウンド作りである。

ブライアントとジョン・ルイスのピアノスタイルを比較してみるのもおもしろいと思う。言うまでもなく、ルイスに比べてブライアントのピアノサウンドには濃厚なブルースフィーリングとゴスペルの影響が現れており、逆にルイスほどクラシック音楽の諸要素を露骨に使わない。それでも、本盤でのピアノサウンドはジョン・ルイスを彷彿させる側面も意外にある――まず、「ゴールデン・イアリングス」のメロディの弾き方には、ルイス好みの「フーガ風」の諸要素が含まれており、ルイスのオリジナル曲「ジャンゴ」では、メロディに対する弾き方はおおよそルイスとMJQ（モダン・ジャズ・カルテット）の一九五三年のオリジナル版を踏まえているため、なお比較しやすい。

ブライアント・トリオは「ジャンゴ」のメロディにおいて、MJQとほぼ同じベースラインを使っており(1:28-1:43)、しかもブライアントはルイスと同様にメロディに合わせてコードを弾く際、一斉に音を押さえるのではなくギターの弦をはじくように「崩して」弾いている(0:00-1:00)。ギタリストだったジャンゴ・ラインハルトに捧げられた曲だったため、これは欠かせない工夫ではあるが、ブライアントのタッチは意外にルイスに近いようにも聴こえる。

もちろん、ブライアントのブルージーなプレイ(1:54-2:10; 3:01-3:16)に対しては、ジョン・ルイスは全くかなわないと思う。それこそ、このようなブルージーなサウンドを出すとき、ブライアントはタッチにもっと力を入れ、左手はベース音を強調するように弾くことが耳に止まる。

後年のアルバムでは、ブライアントはブルースとゴスペルをもっと色濃く表すようなサウンドになったが、それでも耳を澄ませて聴くと、本盤にあるような「渋さ」が彼のピアノスタイルの根底に流れていると言えよう。

第四章　名盤を聴きなおす（2）

本章では、一九六〇年代の八枚のピアノトリオの名盤を対象に、各ピアニストおよびそのトリオの特徴を一、二点に絞って取り上げたい。言うまでもなく、どのピアニストも複数の特徴があり、一点だけでそのサウンド全体は語り切れない。だが、本章で注目する特徴は各ピアニストの独自性を浮き彫りにすると思う。まず、ジャズの原点である〈スイング〉から始めたい。モダンジャズの最もスインギーなピアニストの一人だったウィントン・ケリーを対象に、彼の独特なリズム感を解剖してみよう。

1 〈スイング感〉——ウィントン・ケリーの八分音符

ウィントン・ケリー『ケリー・アット・ミッドナイト』（一九六〇）

ポール・チェンバース(b)、フィリー・ジョー・ジョーンズ(d)

モダンジャズでウィントン・ケリー（一九三一―七一）は最もスインギーなピアニストの一人であるばかりでなく、ブルージーなサウンドと卓越したバッキング術でも知られる。それこそ、マイルス・デイビスもキャノンボール・アダレイ(as)もケリーのバッキング術を絶賛し、アダレイはバッキングにかけてはケリーが「世界一」とまで述べたことがある。

だが、ピアノトリオでは、バッキングよりもメロディの弾き方とソロプレイに重点がおかれる。その場合もケリーはごくスインギーかつブルージーなプレイを披露するが、彼のスイング感は独特なリズムの捉え方に基づいている。以下、『ケリー・アット・ミッドナイト』の一曲目であるオリジナル曲「テンペランス」を対象に、彼の特徴的なリズム感に注目したい（ちなみに、曲名の"Temperance"の意味は「断酒」や「自重」だが、ケリーは大酒飲みだっただけにユーモアを込めたタイトルだと思われる）。

ケリー特有のスイング感は何よりも八分音符の弾き方に現れる。演奏を聴く前に、「八分音符」の意味を確認しよう。ジャズでは、ベースが刻む1-2-3-4のフォービート（四分音符）のリズムに対し、ソロイストが$\bar{1}$-2, $\bar{1}$-2, $\bar{1}$-2, $\bar{1}$-2と弾く（吹く）音が「八分音符」だと理解すればよい。また、ジャズのスイング感にはいろいろな要素があり、複数の方法で打ち出されるが、ピアノトリオで最も代表的な方法は、ベーシストのフォービートのリズムに対するピアニストの八分音符中心のフレーズ、そしてドラマーがシンバルで刻む「ジャッジャッジャッジャッ」のリズムパターンで表現される。

ジャズ演奏の難しいところは、ベーシストの四分音符にせよピアニストの八分音符にせよ、ドラマーの「ジャッジャッジャッジャッ」にせよ、ミュージシャン一人ひとりによってそのリズムの捉え方が微妙に異なることである。具体的に、同じ$\bar{1}$-2, $\bar{1}$-2, $\bar{1}$-2, $\bar{1}$-2と八分音符を弾く際、「1」の拍をどの程度伸ばして弾くか、どの程度アクセントをつけるか、スタッカートに近いタッチで弾くかレガートで弾くかなどという微妙極まりないニュアンスの違いが、各ピアニストのリズム感を際立たせる。近年のジャズ界では、八分音符をかなり均等に捉える傾向が見られるが、ウィントン・ケリーは同時代のピアニストの中でも大きく「跳ねて」弾くため、ほかのピアニストとのリズム感の違いが際立つ。彼の八分音符の弾き方を人間の歩き方に喩えたら、ひどくぎくしゃくと歩いているようなサウンドと言える。ただし、ケリーの「ぎくしゃく」は限りなくスイングしているのだ。

『ケリー・アット・ミッドナイト』以降に発表されたリーダー盤では、ジミー・コブがドラマーを務めているが、コブは、ケリー特有のリズム感は彼がジャマイカにルーツをもっていることと関係しているだろう、という見解を示した(ケリーの両親はジャマイカ出身であり、彼自身も四歳でニューヨークのブルックリン地区に移住するまでジャマイカで暮らしていたそうだ。ただし、ケリーはブルックリンで生まれたという文献もあることを付け加えよう)。しかし、理由は何であれ、ケリーのリズム感はほかのジャズピアニスト達とは違う。以下、彼の八分音符の弾き方でそれを感じ取ってみよう。

まず、「テンペランス」の演奏全体を一、二度聴いてもらいたい。メロディに対してポール・チェンバースはツービートのリズムを刻み、フィリー・ジョー・ジョーンズはブラシを使って二人ともすでにスイングしているものの、ピアノソロ(0:50–3:27)に入ったとたんにチェンバースはいっそうスインギーなフォービートに切り替え、ジョーンズはブラシをスティックに持ち替えてライドシンバルを中心にさらにダイナミックなスイング感を打ち出す。ピアノソロの後にベースソロ(3:28–4:45)があり、次にケリーとジョーンズが八小節ずつのソロを交換し(4:46–5:24)、それからメロディに戻る前にしばらく四小節ずつのソロを交換する(5:25–6:42)という流れになっている。

ケリーは、ピアノソロにおいてもジョーンズと交換するソロにおいても、八分音符を中心に使っている。それをよりわかりやすく聴き取るために、ケリーの即興メロディを一切無視してリズムだけに耳を集中してみよう。そうすることによって、彼独自のスイング感が主に八分音符に現れていることがわかると思う。八分音符中心のフレーズの事例として1:13–1:20; 1:23–1:27; 1:49–1:54などが挙げられる。これらの例を数回繰り返し聴くと、八分音符とは何かを身体で把握しながら、ケリー特有の八分音符の捉え方も多少感じ取れるだろう。

ケリーのもう一つの特徴は、八分音符中心のフレーズに乗り出す前に、装飾音を弾くことである(0:59; 3:06など)。これによってフレーズに入る直前に勢いをつける効果がある。同じ装飾音の手法を八分音符のフレーズの中に挟むこともあるが(1:14; 1:52など)、この場合はリズムに変化を加えるためでもあるだろう。もちろん、ほかの手法によってもリズムを変化させることがある――三連符(一拍に対し三つの音のセット)や一六分音符(いわゆる「ダブルタイム」)などである。だが、依然としてケリーは主に八分音符でスイング感を打ち出していることに変わりはない。

ケリーのスイング感がどれほど独特なのか確認したかったら、以上に紹介した聴き方を前章や本章に登場するピアニスト達に対して試してみるとよい。そうすれば、ケリーと同じ「スインギーなぎくしゃく」を彷彿させるピアニストはいないことがきっとわかるだろう。

2 〈ドライヴ感〉
――オスカー・ピーターソン・トリオのビッグバンドサウンド

オスカー・ピーターソン『ナイト・トレイン』(一九六二)

レイ・ブラウン(b)、エド・シグペン(d)

『ナイト・トレイン』はオスカー・ピーターソン(一九二五―二〇〇七)にとって特別な意味をもつアルバムだったようだ。何せ、このアルバムをカナダの夜行列車《ナイト・トレイン》の赤帽だった父に捧げている。そのためか、いつも以上に感情移入した演奏になっているように聴こえる。しかし、同時に(ピーターソンにしては)抑制の利いた演奏でもある。

間接的ながら、このアルバムはカウント・ベイシーとデューク・エリントンにも捧げられているように思う。まず、収録される曲群は主にベイシーまたはエリントンのバンドにゆかりがある。また、ピーターソンがベイシーのピアノスタイルを「借用」しているところも多いが、それはベイシーへの敬意の表現として理解すべきだろう。もともとピーターソンは卓越したテクニック――とくにすさまじいスピード感――そして強力なスイング感で知られ、ベイシーも若い頃は両手を活発に動かすストライドピアノを弾いていたが、徐々にそのような側面をそぎ落とし、極限のミニマリズムに辿り着いた――〈間〉を多めに開け、音数を最小限に抑え、軽いタッチで鍵盤の高音域を多用し、そしてトレードマークのエンディング(本盤の「ナイト・トレイン」の最後の三つの音)などがベイシーの特徴である。本盤ではそのようなベイシーの特徴は、とくに「イージー・ダズ・イット」によく現れている。

このアルバムの聴き処は無数に挙げられるが、以下ピーターソン達が打ち出すビッグバンドサウンドに注目したい。ピーターソン達がピアノトリオという小さな編成で、ビッグバンドの大きく多声的なサウンドをどのように作り上げたのか、なるべく具体的に指摘してみたい。

だが、その前に、読者がもしベイシーとエリントンの一九四〇年前後のビッグバンドを聴いたことがなければ、両バンドの当時の録音を数曲聴くようにお勧めしたい(ユーチューブなどで動画を観ることができ、映像と音が必ずしも一致していないが、十分に楽しめると思う)。また、少し聴き比べたら両バンドのサウンドが対照的だということがわかるだろう——エリントンのバンドは斬新なハーモニーと創造性豊かなアレンジによって色彩あふれるモダンなサウンドが際立ち、ベイシー・バンドはごくシンプルなブルースやブギウギを基盤に据え、強力ながら非常にリラックスしたスイング感が醍醐味だと言える(ベイシー・バンドのリズムセクションは「ザ・オール・アメリカン・リズムセクション」と呼ばれるほど、そのスイング感が卓越していた)。だが、両バンドの共通点として聴き逃せないのは、サウンドにおけるメリハリである。それが最も顕著に現れるのは、全員一斉の演奏から、いきなりソロイストへバトンタッチする瞬間である。一〇数人が一緒に大音量で音を発した後に、突然管楽器奏者が一人でリズムセクションだけをバックにソロを吹き始めるが、それによって強烈な"tension and release"が生じる。ピアノトリオでは、ピアニストがブロックコードから右手の単音ラインに切り替えることで、まさしくそのような瞬間を表そうとしているわけだ。

前章で確認したように、エロル・ガーナー、そしてガーナーに大きな影響を受けたアーマッド・ジャマル、さらにジャマルのサウンドを踏まえたレッド・ガーランドも、ビッグバンドを彷彿させるサウンドを打ち出した。ガーナーの場合、まるでワンマンバンドのごとく、左手をベイシー・バンドのフレディ・グリーンのリズムギターのように使い、右手でそれとは別のリズムで大きなコードと単音ラインを織り交ぜながらダイナミクス(強弱など)を極端に変えることによって、メリハリに満ちた独自のビッグバンドサウンドを作り上げた。ジャマルもダイナミクスを大きく変えることを好み、ブロックコードと単音ラインに加え、たまにロックハンド奏法を挟むことで緩急がついたサウンドを作り上げた。ただし、ガーナーに比べてジャマルのタッチは軽やかで、ワンマンバンドとは違い、ドラムのヴァーネル・フォーニアが築くグルーヴに「乗っていく」アプローチを好んだ。ガーランドは大まかにジャマルのスタイルを踏襲しているとは言え、マイルス・デイビス・クインテットに入ってからのピアノスタイルではロックハンド奏法を使わなくなり、単音ラインとブロックコードを基盤とする奏法で演奏を展開させた。また、ジャマルに比べてガーランドの即興ラインはビバップの要素が多く含まれ、非常にスワリのよいフレーズを次々と繰り出すことが醍醐味の一つだった。

　では、以上の三人とオスカー・ピーターソンのビッグバンドサウンドはどう違うのだろうか。結論を先に言うと、ピーターソンは誰よりもピアノ一台だけでビッグバンドに近いサウンドを作り上げているように思えるが、その主なる要因は次の二点に集約できる。

(1)強力なドライヴ感。
(2)多様な奏法の使い分け方。

「ドライヴ感」とは、それこそこのアルバムのテーマでもある〈列車〉のごとく、強力な勢いで前進することを指す。本盤では、「Cジャム・ブルース」で確認してみよう。メロディが終わり、即興演奏に入るときにトリオはブレイクを入れるが、その瞬間にベースとドラムがピタッと演奏を止め、ピーターソンが一人で——しかも、右手の単音ラインのみで——弾き始めるのに、それまでの三人が作り上げた前進力が一切弱まることなく、まぎれもなくスイングしている。その後も数回同じ手法を繰り返すが、当然ながら毎回、即興ラインの内容が変わる(0:52–0:56; 1:08–1:12; 1:25–1:29)。また、まるでビッグバンドの金管楽器セクションからソロイストが短いフレーズを交換して演奏するときと同様に、ピーターソンが大きなブロックコードと右手のラインを交互に弾き、さらに演奏に熱が増すところがある(2:05–2:30)。このように、ピーターソンのサウンドはメリハリのみならず、ドシドシ前進するドライヴ感をもってビッグバンドを彷彿させる。この側面はオスカー・ピーターソンのピアノスタイルが語られる際に見逃されることもあるが、強力なドライヴ感こそ「ピーターソンサウンド」の大きな特徴だと言える。

次に、ピーターソンが多様な奏法を組み合わせることによって幅広いサウンドを作り上げる事例として、タイトル曲「ナイト・トレイン」を取り上げよう。メロディは一分余りにしか満たないのに、その合間にピーターソンはごく自然な形でモダンジャズピアノの複数の奏法を組み合わせている——ユニゾン奏法(0:56–1:05)、ブロックコード(0:09–0:12; 0:19–0:21など)、そしてロックハンド奏法(0:46–0:51)も現れている。しかも、注意すべきは、ピーターソンが各奏法に対し複数のニュアンスを加えていることである。たとえば、ユニゾン奏法で弾く際、タッチで強弱を微妙に調整することによってメリハリを加えている。ブロックコードの場合、ピーターソンのヴォイシングはジャマルやガーランドよりもヴァラエティに富んでいるようだ。と言うのは、普通のブロックコードの奏法では、右手でオクターヴまたはオクターヴの間に五度(「ソ」)の音を挟むが、ピーターソンはその代わりに四度(「ファ」)または三度(「ミ」)の音をオクターヴ内に入れることがあるため、普通のブロックコードより変化に富んだ響きになっている。また、ビッグバンドの金管楽器セクションのヴィブラートを彷彿させるため、ピーターソンはブロックコードにトレモロを加えている。そもそもブロックコードは、ロックハンド奏法ほど多様なヴォイシングや弾き方があるわけではないが、ピーターソンは本演奏だけでも様々なコードやヴォイシングを用いている(4:10-4:12のヴォイシングがとくに耳にとまる)。

上述の奏法のほかに、ピーターソンはメロディを弾く際にグリッサンドを使っているが、それについて説明を加えたい。と言うのは、ほかのアルバムでピーターソンはグリッサンドを単に派手な装飾として使う場合があるが、本曲では意味が違う。それは、テナーサックス奏者ジミー・フォレストが吹いた「ナイト・トレイン」(一九五一年録音)を聴けばわかる。この演奏は当時、リズムアンドブルースのヒット曲になったが、聴いてみると、ピーターソンのグリッサンドはフォレストのサックスの吹き方を真似していることに気づく。つまり、この場合は無用な装飾どころか、はっきりした目的に裏付けられているわけだ。

ちなみに、「ナイト・トレイン」はフォレストのオリジナル曲になっているものの、由来は一九四〇年のエリントン楽団の少人数編成の録音にある。独自の豊潤なアルトサックスサウンドをもつジョニー・ホッジスが率いたバンドで録音された「ザッツ・ザ・ブルース・オールド・マン」の冒頭部分から成り立っており、作曲家はホッジスになっている(ホッジスがソプラノサックスを吹いている最後の録音と言われているだけに、なおさら歴史的価値がある)。一九四六年には、エリントン楽団が「ハッピー・ゴー・ラッキー・ローカル」という曲名で「ザッツ・ザ・ブルース・オールド・マン」のメロディをさらに発展させたが、そのときバンドに入っていたジミー・フォレストが主要なソロイストになっている(彼は数カ月しか入団していなかった)。そして、よく聴くと録音の3:14-4:16はフォレストの数年後のヒット曲「ナイト・トレイン」とおおよそ同じであることがわかる。

さて、レイ・ブラウンとエド・シグペンについて少し触れなければならない。と言うのは、ピーターソンがいくら大きな存在とは言え、彼らなくしてはトリオ全体のサウンドとスイング感は成り立たないからである。ジュニア・マンスのデビュー盤でも確認した通り、レイ・ブラウンはバッキングにせよソロにせよ、ジャズ界屈指のベーシストであり、ピーターソンのような大きなサウンドを打ち出すピアニストには、やはり負けないほどのスイング感とどっしりしたベース音が不可欠だが、彼にとってブラウンほど相性のよいベーシストはいなかったように思う。

シグペンはブラシを得意とするという理由でピーターソンが選んだそうだが、スティックの演奏でも的確なサポートを提供している。たとえば、「シングス・エイント・ホワット・ゼイ・ユースト・トゥ・ビー」の3:00辺りから、演奏を盛り上げるためピーターソンがブロックコードを弾きながら音量を徐々に上げ、3:15–3:17でトレモロを加え、ビッグバンドの金管楽器セクションのサウンドを連想させる。その前後のシグペンのドラミングは、ピアノトリオよりもビッグバンドのドラマーが愛用するリズムパターンを使っている(3:03–3:15)。

また、シグペンは共演者の弾いたばかりの音に即座に反応する能力も優れているが、ごく微妙な表現で反応することがあるため、耳を澄ませて聴かないと気づきにくい。たとえば、「ナイト・トレイン」で、レイ・ブラウンがこの上なくスインギーでメロディックなベースソロを展開させる。ソロの途中からピーターソンが脱落し、シグペンだけがブラシで控えめに支えているが、ブラウンは2:47から一つのフレーズを弾き、それを発展させていく。ブラウンがフレーズの最後に低いベース音を二度弾くと(2:50–2:51)、始めはシグペンは特別に反応しないが、繰り返し始めるとそのベース音のリズムと音程に合わせて——ごく控えめながらも——バスドラムを鳴らす(2:55–2:56; 2:59–3:00; 3:04–3:05)。

以上、『ナイト・トレイン』からほんの数例しか取り上げられなかったが、ピーターソン自身が打ち出すドライヴ感、優れたタッチと多様なピアノ奏法の使用に加えて、レイ・ブラウンのどっしりしたスインギーなベースと繊細なサポートを提供するエド・シグペンのドラミングによって、ピアノトリオという小さな編成が、一〇数人もの、情熱をもったビッグバンドのような多声的なサウンドを聴かせてくれる。オスカー・ピーターソンのこのグループは「ジャズ界の一番大きなピアノトリオ」だと言える。

3 〈スピード感〉——フィニアス・ニューボーンJr.の光速流

フィニアス・ニューボーンJr.『ワールド・オブ・ピアノ』（一九六一）

A面——ポール・チェンバース(b)、フィリー・ジョー・ジョーンズ(d)

B面——サム・ジョーンズ(b)、ルイス・ヘイズ(d)

一九六〇年前後のアメリカのジャズピアノ界で、スピード感をはじめ、テクニックの面でオスカー・ピーターソンに太刀打ちできるピアニストがいたとしたら、それはフィニアス・ニューボーンJr.（一九三一―八九）だっただろう（本人は自分の名前を「ファイナス」と発音したそうだが、ジャズ界では「フィニアス」と呼ばれている）。ピーターソン自身も、当時、ジャズピアノ界の後輩で唯一気にしていたピアニストはニューボーンだとインタビューで証言している。確かに、二人とも超高速のプレイを十八番とし、タッチなど鍵盤に対するコントロールも卓越しており、モダンジャズピアノのあらゆる奏法を難なく弾きこなす。また、ニューボーンもピーターソンと同様に、左手を右手とほぼ同等に使える（二人とも——そして、以下に取り上げるビル・エヴァンスもマッコイ・タイナーも——左利きだったことと関係なくはないだろう）。

だが、そのような類似点にもかかわらず、ニューボーンのサウンドはピーターソンとはずいぶん違う。「ピーターソンは雷《いかずち》、ニューボーンは稲光」と言えば、二人のサウンドの違いが多少伝わるだろうか。あるいは、ピーターソンがずっしり迫ってくる夜行列車だとしたら、ニューボーンはピカッと煌めいてから消えていくロケットのようなものだ、と言い換えてもよいかもしれない。

しかし、本書ではそうした比喩に依拠せず、音をなるべく具体的に記述することにしているので、ニューボーンの名盤『ワールド・オブ・ピアノ』を対象に、二曲を具体的に見ていきたい——チャーリー・パーカーのオリジナル曲「シェリル」とディジー・ガレスピー作の「マンテカ」である(LPでは両演奏はA面に収録されており、「シェリル」が一曲目、「マンテカ」が二曲目の順になっている)。

アルバムの最初の二曲がビバップを代表するミュージシャンのオリジナル曲であることに留意したい。さらに、『ワールド・オブ・ピアノ』に収録されている全八曲のうち、クリフォード・ブラウンの「ダフード」とソニー・ロリンズの「オレオ」もビバップ調だと言えるから、アルバムの曲群の半分はビバップに基づいていると言えよう。ピーターソンも「ダフード」を演奏することがあり、たまにパーカーやガレスピーの曲も演奏するが、ピーターソンのレパートリーの中でビバップ曲が占める比重はかなり低く、またピーターソンのリズム感およびフレージングはビバップにそれほど依拠していない。対照的に、ニューボーンのレパートリーではビバップ曲が大きな比重を占めるばかりでなく、フレージングも基本的にビバップを踏襲している。ただし、彼の鋭いタッチ、煌びやかなユニゾンプレイ、そして以下確認するように、ブロックコードおよびロックハンド奏法の鮮やかなコードヴォイシングは、バド・パウエルとも一九五〇年代のパウエルの後継者達とも一線を画している。驚異的なスピード感に加え、ニューボーンの演奏には「切れ」と「煌めき」が際立つ。

まず、「シェリル」を取り上げよう。この演奏でニューボーンは右手の単音ラインに加え、ユニゾン奏法、ブロックコード、そしてロックハンド奏法を盛り込んでいる。しかも、各奏法に対してヴァリエーションも加えている。たとえば、メロディを初めて弾くときは鍵盤の低・中音域で一オクターヴ離れたユニゾン奏法を使っているのに対し(0:00–0:27)、演奏の終わりに再びメロディに戻る際は、高音域を含む二オクターヴ離れたユニゾン奏法を用いている(3:16–3:42)。同じ奏法とは言え、サウンドがだいぶ違って聴こえるだろう。

また、「シェリル」のブロックコードに対してもニューボーンは様々なヴォイシングを使っている。「レッド・ガーランド風」のブロックコードに近いヴォイシングもあれば(1:57–2:19)、後年のマッコイ・タイナーを彷彿させる四度音中心のヴォイシングを使うところもある(1:06–1:13)。

それぞれの奏法の合間に、ニューボーンは気の利いた軽快なビバップ調の単音ラインを挟んでいる(1:37–1:45; 2:55–3:02)。しかし、「シェリル」で最も注目すべきは、ニューボーンの多彩なロックハンド奏法のヴォイシングである(1:15–1:33; 3:02–3:14)。前述した通り、ロックハンド奏法ではメロディ音が変わるたびにコードも変わるため、頻繁に指の位置を微調整しなければならない。普通のテンポで弾いても、滑らかに弾きこなすことは決して容易ではないのに、ニューボーンのごとく猛スピードでロックハンドのコードを滑らかにつなげていくことは至難の業であり、ピアニストが聴くと圧倒されてしまう。もちろん、スピードだけではない。彼のヴォイシングも鮮やかである(とくに01:27–01:31と3:02–3:14辺りに注目)、しかもどんどんコードを変えながらも気の利いたメロディを弾いている。そのすべてを即興で行っていると思うと、やはり驚愕するほかはない。

さて、「マンテカ」について軽く触れよう。まず、ニューボーン達の演奏を聴く前に、一九四七年のディジー・ガレスピーのビッグバンドの同曲の初録音を聴くようにお勧めしたい。『ナイト・トレイン』でオスカー・ピーターソンが主にベイシー・バンドのサウンドを彷彿させ、また、『オーヴァーシーズ』の「チェルシー・ブリッジ」では、トミー・フラナガンが豊潤なコードヴォイシングでエリントン楽団のビリー・ストレイホーンの編曲を再現しようとしている、と言える。同様にニューボーンも「マンテカ」でガレスピーのビッグバンドのサウンドを醸し出そうとしているが、この場合はスイング時代の音楽ではなく、ビバップとキューバのリズムを織り交ぜたビッグバンドであるだけに、以上の例とはサウンドがだいぶ違う。ガレスピーのオリジナル版ではキューバ出身のコンガの名手チャノ・ポソが中心にパーカッションを担っており、出だしからいかにもキューバらしいグルーヴを刻んでいるが、サビに入るとバンドがスインギーなフォービートに切り替わる。一曲の中に異なるサウンドもリズムも組み込まれているわけだ。ニューボーンのトリオ演奏では、フィリー・ジョー・ジョーンズが一人でそれらのリズムをジャグリングすることになるが、0:06からカウベル、スネアドラム、タムタム、そしてシンバルと、ドラムの一部を一つずつ加えて叩きながら、見事なポリリズムを作り上げていく。とくに1:00–1:09のドラミングに注目すると1:05辺りでリズムを大きく変えていることに気づく。すでに複数のボールをジャグリングしているのに、もう一個ボールを空中に投げているような瞬間である。

ガレスピー達のオリジナル録音を聴いてからニューボーン・トリオの演奏を聴くと、メロディのところでニューボーンが弾くブロックコードのヴォイシングは、ガレスピー・バンドのトランペットセクションの煌びやかなサウンドを彷彿させる(0:22–0:36)。また、即興演奏に入ってからのニューボーンのスピード感あふれる鮮やかなユニゾンラインは、ガレスピーのトランペットの流暢なビバップフレージングを連想させる(2:15–2:22)。この演奏を聴くと、ニューボーンのフレーズ感覚がオスカー・ピーターソンとは全く違うことに気づくだろう。また、ニューボーンのフレーズ内のリズムもビバップに根付いていることがわかる。

残念ながら、『ワールド・オブ・ピアノ』が世に出た前後から、ニューボーンは精神的な病のため、しだいに活躍が低迷し、一時の眩しいほど輝いていた演奏は徐々に消えていった。

4 〈創造性〉――デューク・エリントンの不滅の創造力

デューク・エリントン『マネー・ジャングル』(一九六二)

チャールズ・ミンガス(b)、マックス・ローチ(d)

デューク・エリントン(一八九九―一九七四)は、ジャズ史上最も偉大な作曲家として知られ、さらに一九二〇年代から七〇年代の死去まで著名なビッグバンドを率い続けていった。エリントンの創造力は作曲だけに注ぎ込まれたわけでは決してない。アレンジャー(編曲家)としても独自の方法を駆使して、それまでに類例のないサウンドを作り上げたことも忘れてはいけない。そのサウンドの原点は楽団の奏者一人ひとりの特有の音色を綿密に組み合わせることによって出来上がった。言い換えれば、エリントンはさほどおもしろみのないメロディを題材にした場合も、楽団のミュージシャン一人ひとりに充てられる音を絶妙に調合することによって、色彩あふれる斬新なサウンドに変容させたわけだ。

一九四〇年の名演「コ・コ」が好例。シンプルなメロディのマイナーブルースであり、メロディやコード進行だけなら、さほど興味を引かない曲だろう。だが、エリントン楽団の演奏を聴くと、まるで「音の花火」のごとくサウンドが色彩に富み、リスナーが花火のバーンという爆音を耳にする瞬間と同様に、驚かされる音も何度も現れる。それは作曲自体に要因するのではなく、エリントンの編曲——そして、楽団の演奏そのもの——から生じている、と理解すべきだ。つまり「コ・コ」の場合、感心させられるのは〈曲〉自体ではなく、むしろエリントンの〈アレンジメント〉そして楽団の〈演奏〉である。だからこそ、後年のジャズミュージシャンはほとんど演奏しないのだろう。

「コ・コ」は予想外のサウンドに満ちているため、エリントンのピアノの貢献を聴き逃しかねない。だが、注意して聴くと衝撃的で大胆なサウンドが耳に入る。とくに鍵盤の最低音域を多用する左手に注目すべきだ——不協和音を混じえながら、まるで鍵盤を叩きつけるような打楽器的なタッチで襲い掛かるサウンドは、二〇年後のセシル・テイラーなどフリージャズのピアニストを彷彿させる(1:05–1:26)。

前置きが長くなったが、以上「コ・コ」に注目したのは、『マネー・ジャングル』をエリントンの演奏歴の中に正しく位置づけるためだった。つまり、一九六二年のこのトリオ盤は確かに冒険的な録音ではあるが、エリントンにとってそれは数十年前に始まった冒険の延長線上にあるにすぎない、と強調したい。発表当時、このトリオ盤を聴くまでエリントンのピアノサウンドに注目してこなかった一部のモダンジャズファンは、『マネー・ジャングル』ではエリントンが共演者に刺激された故に、突然そのような冒険に乗り出したと誤解していたようだが、エリントンこそジャズ史における最初の「前衛」と呼べるかもしれない。

さて、『マネー・ジャングル』を取り上げよう。後年、LPやCDで再発売された際に曲順がオリジナル版と異なる場合があるが、以下オリジナル版で収録された順序による。

「コ・コ」などを熟知するエリントンファンであっても、一曲目の「マネー・ジャングル」を耳にした瞬間、衝撃を受けずにはいられないだろう。エリントンが冒険的な演奏をするから驚かされるのではなく、一曲目から三人があれほどアグレッシブな——ときに攻撃的な——演奏を展開するとは予想しにくいからである。その意味で、録音順とは違ったとしても、オリジナル盤の曲順は強烈に効果があったと言える。

「マネー・ジャングル」では、まさしく一種のバトルが展開されているようにも聴こえる。実際に録音の途中で、癇癪持ちのチャールズ・ミンガスがマックス・ローチに怒ってスタジオから飛び出してしまったこともあり、異常なほど感情が高ぶっていたセッションだったようだ(その際、エリントンがミンガスを呼び返し宥《なだ》めたおかげで、録音を何とか再開できたそうだ)。ミンガスのベース音から始まるが、弦が切れるのではないかと心配させられるほど力強く引っ張っており、ベースの倍音まで耳に届いてしまう。次にローチが入ってくるが(0:05)、スティックでスネアドラムとシンバルを中心に鋭く叩いている。最後にエリントンが加わるが(0:10)、「コ・コ」でも用いたような打楽器的なアタックと不協和音をいきなり披露する。力強い左手のベース音も耳を捉えるが(0:35–0:47)、この演奏では右手もアグレッシブに使っており、右手で鍵盤の中音域で強く弾かれる不協和音が際立つ(0:10–0:11)。

また、「マネー・ジャングル」では、ミンガスとローチがエリントンのサウンドに即座に反応していることも聴き逃せない。一例を挙げれば、エリントンがしばらく鍵盤の低・中音域で即興演奏を展開してから高音域に移るが(1:20)、ミンガスも間髪を入れずにベースの高音域で音を合わせるところがある(1:20–1:28)。また、ローチがエリントンの即興メロディに含まれるリズムに対し、即座にぴったり合うリズムパターンをドラムで叩く瞬間がある(2:12–2:15)。事前にアレンジされているわけでもなく、長年共演してきて手の内まで熟知している相手でもないのに、同時に複数のリズムをバリバリ叩きながら、常に共演者の音に耳を開いてぴったりした反応で応えられるドラマーは決して多くない。

「アフリカの花」でもミンガスとローチのサウンド作りへの貢献が大きいが、今度はムードががらりと変わり、物静かな美しいサウンドが展開される。「マネー・ジャングル」と同様に、最初はミンガスが一人で弾き出し、ローチが入ってからすぐにエリントンが加わるが、今度は三人の間ではっきりした役割分担が行われているように聴こえる——ミンガスはベースの低音を二つ鳴らしてから高音域に移り、軽やかな速いアルペジオを弾くが、それはまるでハチドリの羽ばたきのように聴こえる。「マネー・ジャングル」ではローチがスティックでスネアドラムとシンバルを攻撃的に叩いていたが、「アフリカの花」では、スティックを柔らかい音のするマレットに取り替えており、シャープな音を発するスネアとシンバルの代わりにタムタムを静かに鳴らしている(0:06–)。この曲を初めて聴くと、きれいなメロディとエリントンのエキゾチックなハーモニー(1:12–1:20)に耳を奪われるため気づきにくいが、メロディを覚えてから聴き返すと、ローチがタムタムで叩いているのは「アフリカの花」のメロディの冒頭部分そのものであることがわかる。ローチは演奏が進むにつれてヴァリエーションを挟むが、最後まで基本的にメロディを暗示するリズムパターンを静かに鳴らし続けている。

一曲目であれほど迫力に満ちたプレイを披露したミンガスとローチは、ともに二曲目の静かなムードに合わせてがらりとサウンドも奏法も変える。録音の一九六二年当時、彼らはすでにモダンジャズの第一線で活躍するベテランになっていた(ミンガスは四〇歳、ローチは三八歳だった)。とは言え、一九世紀生まれのエリントンとは年齢も音楽歴も大きな隔たりがあるはずなのに、エリントンの旺盛な好奇心と冒険心、そして何よりも不滅の創造力がそのような違いを吹っ飛ばし、三人が作り上げた新鮮味あふれる音のみが残された。

5 〈フォービートからの脱却〉
――ビル・エヴァンス・トリオの「ブロークンタイム」

ビル・エヴァンス『ワルツ・フォー・デビー』(一九六一)

スコット・ラファロ(b)、ポール・モチアン(d)

ナット・キング・コール、バド・パウエル、そしてある程度エロル・ガーナーが一九五〇年代のピアノトリオの土台を築いたのと同様に、ビル・エヴァンス(一九二九―八〇)とマッコイ・タイナーが一九六〇年代以降のトリオの新たな可能性を指し示した。エヴァンスとタイナーそれぞれが確立した斬新なハーモニーは、ジャズピアノ界に革新を起こし、その後に出現したほとんどのピアニストはこのいずれか――または二人に――大きな影響を受けた。それこそ、一九六〇年代半ば以降にデビューしたジャズピアニストで、エヴァンスまたはタイナーに影響されなかった人を探すのは難しいだろう。それほどモダンジャズピアノ史において彼らの存在は偉大である。

エヴァンスのピアノスタイルでは、美しく繊細なタッチ、豊潤なコードヴォイシング、そして即興演奏におけるリリシズムが多くのリスナーの琴線に触れてきた。とくに一九六一年六月二五日の二枚のライブ録音『サンデイ・アット・ザ・ヴィレッジ・ヴァンガード』と『ワルツ・フォー・デビー』がピアノトリオ盤の最高峰だと見る人は少なくない。エヴァンスのファンでなくても、この二枚のアルバムはピアノトリオを知る上で必聴だと誰もが認めるだろう(両アルバムは同じ日の演奏を収録しており、筆者はどちらも名盤に変わりないと思っているが、便宜上、以下『ワルツ・フォー・デビー』だけを取り上げることにした)。

エヴァンスのピアノサウンドにはいろいろな魅力がある。だが、ピアノトリオそのものの発展への貢献においては、ピアノ／ベース／ドラムの役割分担に対する改革が最も重要だと思う。しかも、その改革はピアノトリオに留まらず、後年のカルテットやクインテットのリズムセクションにまで及んだ。エヴァンス・トリオが起こした改革の原点は“interplay”と“broken time”である。

「インタープレイ」とは、トリオまたはリズムセクションにおける(比較的)自由自在なやり取りを指す。一九五八年のインタビューでエヴァンス自身は、当時、目指していた理想的なトリオを次のように語った。

「ただひとりの演奏を他の人が追随するような形ではなく、トリオが相互にインプロヴィゼーションする方向で育って行けばいいと思う。たとえば、もしベースプレイヤーが自分の演奏で応えたい音を聴いたとする。それなのにどうして四分の四拍子を後ろでただ弾き続けている必要があるんだ?」(ピーター・ペッティンガー著、相川京子訳『ビル・エヴァンス――ジャズ・ピアニストの肖像』水声社、一九九九年)

エヴァンスが語っている理想的なトリオが実現したのは、画期的なベーシストだったスコット・ラファロが加わってからのことである。そして、そのトリオのインタープレイが漲ってきたのは、まさしくヴィレッジヴァンガードに出演した頃だった。しかし、この演奏のわずか一一日後には、まだ二五歳だったラファロが交通事故で死亡した。

さて、「インタープレイ」はさほどわかりにくい表現ではないように思うのだが、「ブロークンタイム」はやや抽象的に感じられるかもしれない。筆者自身がこの表現を初めて知ったのは、ドラマーのジャック・ディジョネットへのインタビューを読んだときである。興味深いのは、ディジョネットがエヴァンスを初めて聴いた頃、自分自身もプロのピアニストとして地元シカゴで演奏していたということである。彼はジャズ界屈指のドラマーとして後年のエヴァンス・トリオやマイルス・デイビスのバンドにも参加した経験があり、加えてキース・ジャレットの「スタンダーズトリオ」のドラマーを長年務めたが、元ピアニストだからこそ、エヴァンス・トリオを複眼的な視点で見ているように思える。ディジョネットがそのトリオの特徴を具体的に分析しているので、やや長いが引用したい（以下、「ポール」とはドラマーのモチアン、「スコッティ」とはベースのラファロのことを指す）。

「ビル、ポール、そしてスコッティのあのコンビはリズムの重点を二拍目と四拍目から変えた。ポールの叩き方はビートを明示するというより暗示するようなものだ。それは、たとえばマイルスのやり方とは違う。だからあのトリオがフォービートにシフトするとき、新鮮に感じられたわけだ。それからまた例の「ブロークンタイム」（引用者注：不規則のリズム）に戻る。（中略）この「ブロークンタイム」というアイディアがリズムセクションを解放させた。ウィントン・ケリーとポール・チェンバース、ジミー・コブのようながっちりしたノリと違って、リズムセクション内の対話をもたらした」（筆者訳）

ディジョネットの言う「タイム」とは、日本語で言う「リズム」に近いが、ニュアンスは微妙に違うと思う。的確な訳語はないようだが、「リズム感」「リズムの捉え方」、加えて「リズムの正確さ」などのニュアンスが含まれる表現である。とりわけエヴァンス・トリオの演奏では、従来のスインギーなフォービート系のノリをあえて避けるときの現象を語るのに、「リズム」よりも「タイム」という曖昧な用語のほうが適している故にディジョネットは使っているのだろう。要するに、エヴァンス・トリオが開拓した「ブロークンタイム」は、リズムに対してより柔軟な感覚を持ち込んだと言える。

エヴァンスは以前から「ブロークンタイム」のイメージを抱いていたものの、上述したようにスコット・ラファロがトリオに入るまでは実現できなかった。「インタープレイ」にせよ「ブロークンタイム」にせよ、エヴァンス・トリオにおけるラファロの貢献度は計り知れない。それこそ、トリオのサウンド作りにおいて、ラファロはエヴァンス自身と同じくらいの比重を占めていたと言っても過言ではないと思う。

「マイ・ロマンス」の分析

以下、『ワルツ・フォー・デビー』の「マイ・ロマンス」を対象に、トリオのブロークンタイム――とくにラファロの貢献――を詳しく見ていきたい。ヴィレッジヴァンガードのライブから生まれた二枚のアルバムには名演が多いだけに、どの曲を取り上げたらよいか迷うところだが、「マイ・ロマンス」を選んだのは、(1)エヴァンス得意のバラードプレイが含まれており、(2)活発なインタープレイが絶えず際立ち、そして(3)トリオのサウンドに対するラファロの貢献が鮮やかかつわかりやすいからである。主にリズムの変化を中心に捉えてみたい。

0:00–0:57　ソロピアノによるメロディ――エヴァンスがゆったりしたテンポでメロディを二回弾く。ここで、ソロピアノによるエヴァンスの美しいバラードプレイが満喫できる。メロディは両手で押さえるコードを中心に弾いており、エヴァンスの繊細なタッチと豊潤なヴォイシングが聴き処だが、コード内の音の動きやベース音の動きに注目するとさらに味わい深い。

0:58–1:41　トリオによるメロディの演奏――「マイ・ロマンス」はもともとゆったりしたバラードだが、ベースとドラムが加わった時点から活気あるミディアムテンポの演奏に切り替わる。ここでエヴァンスが再びメロディを弾いているが、トリオ演奏になっているため、違う響きとノリが味わえる。注目すべきはラファロとモチアンのブロークンタイムによるバッキングである。モチアンはブラシでスネアドラムを中心に使っているが、リズムを明白に「刻んでいる」と言うより、ディジョネットが指摘するように「暗示している」と言えよう。また、この演奏全体に対して言えるが、エヴァンスが弾くメロディに対するラファロの創造性あふれるカウンターメロディが煌めいている(1:02–1:14など)。このようなベースの弾き方は、当時のジャズ界ではあまりにも新鮮だった。ラファロは常に楽器の高音域で速弾きプレイを続けているという印象を受けかねないが、高音域を使う前後に、深く自然な「木《ウッド》らしい」ベース音をしっかり鳴らしている故に高音域のプレイが際立つわけだ。

1:42–2:26　エヴァンスのピアノソロ(ブロークンタイム)――ここからエヴァンスのソロが始

まる。とは言え、これまでに見てきたようなトリオにおけるピアニストのソロとは違い、「ソロ」よりもラファロとの活発な「対話」のように聴こえる。また、これまでスネアドラムを中心に使っていたモチアンは、シンバルも加えることによってサウンドに広がりをもたらす。エヴァンスは主に右手の単音旋律を弾き、その合間に左手でコードを挟むという標準的な奏法を使っているものの、彼のリズム感やノリは従来のスイング感とは異なる(エヴァンスのピアノスタイルにどうしてもなじめないジャズファンは、おそらくこの側面に最も引っかかるのだろう)。だが、エヴァンスの持ち前のリリシズムがよく現れており、ラファロの創造的なカウンターメロディに刺激されているためか、エヴァンスがさらに冴えた即興メロディを創出しているように聴こえる。

注意すべきは、ラファロとのインタープレイはいわゆる「一方通行」ではないということだ。つまり、ラファロがエヴァンスのフレーズに反応しているだけでなく、逆の場合もある。たとえば、2:04–2:07をよく聴くと、ラファロが即興で弾いたばかりのフレーズを、エヴァンスが間髪を入れずに「拾って」ピアノソロに盛り込むが、このような卓越した対話術こそエヴァンス・トリオの神髄であり、醍醐味でもある。

2:27–3:09　ピアノソロ(ツービート)――ここでようやくブロークンタイムを脱却し、フォービートに切り替えると思いきや、ラファロは主にツービートでリズムを刻む。同時代の多くのジャズファンは、演奏のこの辺りでトリオがきっとアクセルをぐんぐん踏んで、フォービートのスイング感に乗ってエンジンを全開にするだろう、と期待していたに違いない。だが、そのような解放感はまだ与えてくれず、安定したビートに切り替えたとは言え、緊張感が続く。

ここでエヴァンスのピアノ奏法が変わることも聴き逃せない。彼独自の「逆ロックハンド奏法」とでも呼べる弾き方を中心に使っている——右手で普通に単音の即興ラインを弾くが、その一音一音に合わせて左手が同じリズムでコードを弾くわけだ。流暢なメロディと濃密なサウンドが得られる反面、左手が同じリズムでコードを押さえているため、ピアノのリズムがやや硬く聴こえるときがある。これもリスナーによって、この奏法で演奏が盛り上がっているのか、スイング感の妨げになっているのか、意見が分かれるかもしれない。

3:10-3:56　ピアノソロ（フォービート）——演奏開始から三分余りが過ぎ、ようやくここでフォービートのリズムに切り替わる。ラファロが低音域および中音域の音を中心にフォービートのリズムを刻み、モチアンはブラシをスティックに取り替えてシンバルを叩き始める。リスナーからすれば、三人がともに運転している車のブレーキからようやく足を離し、アクセルをぐんぐん踏み始めた感覚である。

じわじわとブロークンタイムからツービート、そして待ちに待っていたフォービートのリズムへと発展していくことで、リスナーはいっそうの解放感を覚える。ジャック・ディジョネットが「あのトリオがフォービートにシフトするとき、新鮮に感じられた」と言うのは、まさしくこのような瞬間を指していたのだろう。エヴァンスはここでは「逆ロックハンド奏法」のほかにも、普通の単音旋律やブロックコードなど様々な奏法を盛り込んでおり、メロディとハーモニーがともにリリカルで美しく、名盤の中でもエヴァンス自身の最高の名演と言えるかもしれない。

3:57–6:09　ラファロのベースソロ――フォービートのリズムが始まって一分も経たないうちにラファロのベースソロが始まる。最初のコーラスではラファロはメロディからあまり離れずに弾いているが、5:25 辺りから得意の猛スピードでベースの高音域を自由自在に弾きまくる。しかし、彼のソロは単に速度だけではない。気の利いたメロディを弾いては次へとつなげていくその感覚は、従来のベーシストよりもサックス奏者を彷彿させる。それも無理はないのだろう――と言うのも、ラファロはベースを弾く前はサックスを吹いていたからである。

6:10–7:17　再びメロディからエンディングへ――ラファロのソロの後、トリオでメロディをワンコーラス繰り返してからエンディングに入るが、エンディングにおけるエヴァンスの独創的なコード進行と美しいヴォイシングも聴き逃せない。

以上、ヴィレッジヴァンガードでの伝説的なピアノトリオによるライブ盤の中から、一曲だけに注目しながら、エヴァンスとラファロによるインタープレイ、そして三人が築くブロークンタイムという新鮮なリズム感覚に重点をおいて見てきた。後年には、ビル・エヴァンスはチャック・イスラエルやゲイリー・ピーコック、エディ・ゴメス、マーク・ジョンソンなど優れたベーシストとトリオを結成したものの、ピアノトリオの演奏としては、スコット・ラファロがいた頃の生き生きした、創造性豊かかつ自由奔放なサウンドには及ばなかったように聴こえる。それほどラファロは輝かしい存在だった。その輝きが、ヴィレッジヴァンガードでのライブ録音からわずか一一日後に突然消えてしまったことは、エヴァンスにとって強烈な打撃となり、それから何カ月もピアノに触れる気も湧かなかったそうだ。

6　〈切れ味〉――初期のマッコイ・タイナー

マッコイ・タイナー『リーチング・フォース』(一九六二)

ヘンリー・グライムス(b)、ロイ・ヘインズ(d)

『リーチング・フォース』はマッコイ・タイナー(一九三八―二〇二〇)の二枚目のリーダー盤である。八カ月前に録音されたデビュー盤『インセプション』もピアノトリオの名盤だと思うので、合わせて聴くようにお勧めする(ベーシストもドラマーも違うため、この二枚はなお聴き比べる価値がある)。この時期のタイナーのサウンドには痛快な切れ味があり、意外に軽快なスイング感も現れている。後年の重々しさはないため、「普通の」ジャズファンにとっても比較的なじみやすいと思う。

タイナーが作り上げた独特なサウンドの最大の特徴は「四度ハーモニー」にある。だが、それについて触れる前に、アルバムタイトルの意味に留意したい。と言うのは、このタイトルは「四度」に焦点を合わせながらも、英語の言葉遊びによって暗示されているため意味がかなりわかりにくい。

原題"Reaching Fourth"は、綴りが微妙に異なる"Reaching Forth"に引っかけている。つまり、アルバム名では"forth"に"u"が加えられているため、別の意味になっているのだ。英語で"reaching forth"は聴き慣れない表現ではあるが、「前に手を伸ばして何かに届こうとする」というような意味である。ところが、アルバム名では意味が「四度に届く/辿り着く」に変わっている。発売当時、レコード屋でアルバムを手に取ったリスナーがタイトルに暗示された意味を見逃さないように、ジャケットにはタイナーの同一の写真が四枚並んでいる。要するに、「四」がこのアルバムのテーマになっているわけだ。そして、「四」または「四度音」("fourth")はマッコイ・タイナーが築き上げた独自のピアノサウンドを把握するキーワードでもある。以下、具体的に掘り下げていこう。

タイトル曲「リーチング・フォース」の冒頭のメロディ(0:00–0:04)は四度離れた音の対《ペア》で構成されている。メロディのその部分を文字で記すと(B—E)—(C♯—F♯)—(D♯—G♯)—(F—B♭)—(G—C)—(A—D)になるが、(　)で括られた音はすべて四度の間隔になっている。つまり、最初の二つの音も、三番目と四番目の音も、一一番目と一二番目の音まですべて四度の関係にあるわけだ。しかし、この説明が一切わからなくても、「リーチング・フォース」のメロディを聴けば、普通のジャズ曲とは響きがずいぶん違うことは自明だろう。

「リーチング・フォース」のように、マッコイ・タイナーの四度ハーモニーはメロディや即興ラインによって表現されることもあるが、主として左手の四度中心のコードヴォイシングこそ「マッコイ・サウンド」だと言える。それも「リーチング・フォース」に頻出する。たとえば、ピアノソロの0:36–0:55がわかりやすい――右手の単音ラインを一切無視し、中音域で鳴っているコード音だけに耳を澄ませて聴けば、四度ヴォイシングの特徴はだいたい感じ取れるだろう。

『リーチング・フォース』収録のスタンダード曲「オールド・デビル・ムーン」においても四度のフレーズおよびハーモニーがよく現れている。まず、イントロでタイナーの左手とベーシストのヘンリー・グライムスがユニゾンでグルーヴを築き、それからタイナーが右手で四度の間隔で上がるフレーズを弾き(0:09, 高音域で鳴る最初の三つの音)、ブロックコードの後、再び四度で上がるフレーズを弾く(0:18-0:19)。メロディに入る前に今度は四度で下がるフレーズを二回弾くが(0:29;0:31)、このようにタイナーはなじみあるスタンダード曲に入る前から、すでに自分の四度中心のサウンドを作り上げている。そして、メロディが終わって、フォービートに切り替える前に、四度中心のフレーズを新たに組み立てる(1:47-1:49, F―B♭―E♭、B♭―E♭―A♭、F―B♭)。

ところが「オールド・デビル・ムーン」では、いったんフォービートのリズムに切り替わると(2:03)、レッド・ガーランドでも彷彿させるような軽快かつスインギーな即興演奏が展開される。数年後のタイナーの演奏に比べてタッチが軽やかであり、即興演奏におけるリズムも変化に富んでいる。単音ラインとブロックコードを交互に使うところも、エロル・ガーナー、アーマッド・ジャマル、そしてレッド・ガーランドが築いた前例を踏まえているものの、ハーモニーは依然としてタイナーならではの斬新な響きになっている。

『インセプション』や『リーチング・フォース』などの初期のリーダー盤では、後年のピアノスタイルの芽生えが現れているものの、一九六二年当時はそのスタイルが「建設中」だったと言わなければならない。一九七〇年代に入ってからタイナーのサウンドはさらに変化を遂げるようになったが、とりわけ一九六〇年代のリーダー盤で彼のピアノスタイルが完成された事例としては一九六七年のカルテット盤『ザ・リアル・マッコイ』が代表作である。『インセプ

ション』や『リーチング・フォース』とのサウンドの違いは次のように要約できる。つまり、一九六〇年代半ばから、タイナーの、

(1)タッチがもっと強靭で打楽器的になっていること。
(2)左手のサウンドがいっそう重厚になっていること。
(3)即興演奏におけるリズムがパターン化されがちであること。
(4)ハーモニーをしばしば離脱することによって、新鮮味を表していること。

(1)「タッチの違い」は、初期のトリオ盤と『ザ・リアル・マッコイ』を聴き比べたらわかると思う。

(2)「サウンドが重厚になった」は、タッチが重くなったこととも関係しているが、それよりも左手奏法の変化に要因がある。すなわち、一九六〇年代半ばから、タイナーは鍵盤の低音域でガーン！と五度(ド+ソ)のコードを力強く叩いてから、中音域で四度のコードを弾くパターンを愛用するようになり、さらに大きなベース音が加わるためどうしてもサウンドが重く響くようになったわけだ。たとえば「パッション・ダンス」でタイナーは、この左手パターンを約二分半にわたって繰り返し使っている(1:18-3:43)。タイナーの出現以前にも左手の四度ヴ

ォイシングをある程度使うピアニストはいたが(ビル・エヴァンスがその一人)、低音の五度コードを強く弾いてから四度を繰り返すというパターンはタイナー独自のサウンドであり、後に一種の「トレードマーク」になった。

注目すべきは、似たようなサウンドが『インセプション』と『リーチング・フォース』にはほとんど現れていないことである。確かに、後者のタイトル曲「リーチング・フォース」には、低音域で「ガーン!」とオクターヴを弾いてから両手で四度中心のコードを弾くところがあるが(0:24–0:29; 0:55–1:08)、後年に比べてタッチは重くなく、オクターヴも五度のサウンドほど響きが重くなく、いずれも演奏全体の中でそのパターンは一〇数秒間しか登場していない。言い換えれば、初期のトリオ盤から『ザ・リアル・マッコイ』までのタイナーの演奏において左手奏法の変化に注目すると、彼のスタイルが徐々に確立されていく過程を辿ることができるわけだ。

タイナーのピアノスタイルが完成されて、左手の使い方がパターン化されるようになった反面、ハーモニーにおいては意外性と新鮮味が増したと言える。それはハーモニーをしばしば離脱するような手法を用いるようになったためである。英語のジャズ用語ではそのようにハーモニーを離脱する行為は“playing outside”や“sideslipping”(「横滑り」)などと呼ばれ、一九六〇年代初期にジョン・コルトレーンが主に開拓したアプローチである。言うまでもなく、タイナーは当時のコルトレーン・カルテットのピアニストを務めており、彼のピアノスタイルは基本的にコルトレーンと共演する中で築き上げられた。

「プレイング・アウトサイド」とは、ソロイストがコードやスケールに適合した音の「外側」で一時的に演奏を展開することを意味する(「パッション・ダンス」の1:22–1:25; 1:34–1:37; 1:47–1:49が数例)。聴き慣れないリスナーにとっては、サウンドがいきなり違う音調に移るため、奏者が間違っているのではないかと疑いたくなるが、これはハーモニーにいっそうの意外性やテンションを加えるための戦略的手法であり、一九六〇年代半ばから現在に至るまで、モダンジャズの常套手段になっている。なお、「アウトサイド」の演奏とフリージャズの演奏との違いは、前者の場合はあくまでも「インサイド」のサウンドに比重がおかれていることにある。少なくともある種のフリージャズでは、音調やハーモニーなどが始めから不確定で、「インサイド」のサウンド自体が存在しない場合がある。

一九六〇年代半ば以降に確立されたタイナーのサウンドに比べ、『インセプション』や『リーチング・フォース』では、四度ハーモニーの使用によってすでに独自のサウンドを打ち出しているものの、後年の演奏の重々しさはなく、スインギーでありながら切れ味に満ちているという別の魅力がある。

7 〈破格〉――フリージャズとポール・ブレイ

ポール・ブレイ『フットルース(Footloose!)』(一九六三)

スティーヴ・スワロー(b)、ピート・ラロカ(d)

フリージャズの全盛期は一九六〇年代から七〇年代前半だったと言える。当時の代表的なフリー系のミュージシャンでは、まずオーネット・コールマン(as)とセシル・テイラー(p)を筆頭に挙げなければならないだろう。とは言え、二人は対照的なサウンドとアプローチを築いた。テキサスの貧困街で育ったコールマンは、いわゆる「ガラの悪い」バーの、リズムアンドブルースのバンドで経験を積んだ。彼のサックスの音色はブルース歌手の肉声を彷彿させ、泣き声や叫び声などにも聴こえるときがある。また、彼はブルースでよく使われる「マイクロトーン」(微分音)も多用するが、一部のリスナーはその音を聴いて、コールマンは楽器をまともに吹けないのだと思ったようだ。マイクロトーンとは、半音未満の音程である。言い換えれば、ピアノで隣接するキーの間の音である。マイクロトーンにせよ、ブルース歌手の肉声を彷彿させる音色にせよ、コールマンのサウンドにはピアノでは再現できない要素が多く含まれることに留意したい。そして、彼は基本的に、西欧音楽で定着したハーモニー感覚に対して真っ向から挑戦し、一九五九年以降、西欧音楽の代表的な楽器であるピアノを含まないバンドで活躍した。

セシル・テイラーは、ピアノを基盤とするフリージャズを作り上げたという意味だけでもコールマンとは対照的だが、彼の出自もコールマンとは真逆だった――ニューヨーク郊外の白人中産階級が多い地域で黒人家庭の一人っ子として育ち、五歳からクラシックピアノを習い始めた。後にボストンにある米国屈指の音楽院(ニューイングランド音楽院)に進学し、そこでバルトークやストラヴィンスキー、シェーンベルク、ヴェーベルン、ベルクなどの現代音楽を主に勉強した。オーネット・コールマンの音楽にはブルースの影響が顕著に現れているのに対して、テイラーのピアノサウンドからはヨーロッパの現代音楽の影響が聴こえてくる。その一例としてテイラーが愛用する「トーンクラスター」が挙げられる。トーンクラスターとは、要するに鍵盤の隣接する音を一斉に鳴らすことから生まれる不協音だが、テイラーは猛スピードでトーンクラスターをつなげていく奏法が特徴的である。また、彼のタッチはあまりにも打楽器的であるため、ピアノを「弾いている」と言うよりも「叩いている」ように聴こえる。そのピアノサウンドは「八八の異なる音程のドラム」と喩えられたこともある。

では、この二人のフリージャズの先駆者に対して、ポール・ブレイ(一九三二―二〇一六)をどのように位置づけるべきだろうか。ブレイはオスカー・ピーターソンと同様にカナダのモントリオールで生まれ育ち、駆け出しの頃はピーターソンに仕事を回してもらったこともある。また、セシル・テイラーと同様にピアノでクラシック音楽を学び、後に米国屈指の音楽院(ニューヨークのジュリアード音楽院)に進学した。

ただし、ブレイのピアノへのアプローチはテイラーとは根本的に違う。彼はむしろコールマンの音楽に大きく感化され、強いて言えば、ブレイはコールマンの「非・ピアノ的」サウンドをピアノでどのように表現できるか、いち早く模索したピアニストである。

一九五八年に、しばらくの間ブレイがコールマンと毎晩共演していたことも忘れてはいけない。当時、ブレイもコールマンもロスアンゼルスに在住しており、「ヒルクレストクラブ」でブレイが率いていたピアノトリオのドラマーだったビリー・ヒギンズが、ある晩、コールマンとドン・チェリー(tp)をクラブに招待した。二人はブレイのトリオ(ベースはチャーリー・ヘイデン)と一緒に演奏し、大きな刺激を受けたブレイは、バンドがクビになるまで毎晩のように五人で共演し続けた。バンドがクビになった理由は想像に難くない。何せ、オーナーはピアノトリオを雇ったつもりだったのに、それがいつの間にかクインテットに化け、しかもわけのわからぬ実験的な音楽を演っていたのだから。

翌年、コールマンはチェリー、ヘイデン、ヒギンズというピアノレス(ピアノ無し)カルテットで、画期的なフリージャズのアルバム『ザ・シェイプ・オブ・ジャズ・トゥ・カム』(ジャズ来たるべきもの〉を発表した。ブレイだけが参加しなかったものの、彼は一九六〇年代、ピアノトリオという編成を中心にして、コールマンから受けた刺激を自分なりに発展させようとした。その最も輝かしい成果の代表作が『フットルース』だったと思う。

『フットルース』には八曲が収録されている。一曲目はコールマンのオリジナル「ホエン・ウィル・ザ・ブルース・リーヴ」であり、ブレイのオリジナル曲も二曲収められているが、残りの五曲は、ブレイの当時の妻だったカーラ・ブレイの異色のオリジナル曲群である。現在のジャズ界においても、男性ミュージシャンが女性のオリジナル曲を中心に演奏することは相当にめずらしいが、当時はなおさらだった。

本盤ではこのような曲群に加え、ブレイのピアノサウンドそのものが新鮮だった。セシル・テイラーの音楽と比べ「曲らしい」メロディがあり、ピート・ラロカのドラミングのおかげで意外にスインギーなトリオにもなっている。それでも、同時代のほとんどのピアニストよりもブレイは〈アウトサイド〉のハーモニーで演奏を展開していた。しかも、それを独自の方法で実行した――テイラーのごとくトーンクラスターを多用せず、またマッコイ・タイナー愛用の四度ヴォイシングも使用しない。それこそ、ブレイは自伝で「昔からコードにはあまり興味を覚えなかった――私にとってコードというのは縦のメロディが同時に鳴るようなものだった」と述べているが、その発言は『フットルース』でのピアノスタイルを把握するためのヒントになると思う。「ホエン・ウィル・ザ・ブルース・リーヴ」を事例に見ていこう。

確かに、ブレイはメロディを弾く際にコードを多少挟んでおり、コードとは呼べないものの、左手で一音だけを押さえることによってハーモニーに厚みが加わるところもある(0:00–0:02; 0:04–0:05など)。また、ピアノソロの終わりにブレイがコードをしばらく弾き続ける箇所もあるが(2:55–3:15)、その場合は、ハーモニーを充実させるためというよりリズムを刻む手段として使っているように聴こえる。その点、ビバップのピアニスト達と共通しているかもしれないが、ビバッパー達はコード進行を基盤に即興演奏をするのに対し、ブレイはいったん即興演奏に入ってからは(0:24辺り)、コードもコード進行も切り離して演奏しているところが少なくない(ちなみに、ブレイは一九五三年のデビュー盤『イントロデューシング・ポール・ブレイ』では純粋なビバップピアノを弾いており、ベースはチャールズ・ミンガス、ドラムはマックス・ローチで、二人が立ち上げた「デビュー」社の録音である)。

「ホエン・ウィル・ザ・ブルース・リーヴ」で聴き逃せないのは、ブレイが即興演奏に入ってからほとんど左手を使わなくなることである。右手でたまにごくシンプルなコードを挟むことはあるが、例外を除けば、約二分半に及ぶソロで右手の単音旋律のみを使っている。左手が参入しないために、ハーモニーは管楽器と同様に単音旋律によって現れるが、ブレイのメロディライン内のハーモニーはしばしば変調するきらいがあるため、即興演奏では〈インサイド〉と

〈アウトサイド〉のサウンドの境界線が曖昧になるわけである。そして、その側面にこそ、ブレイのピアノスタイルにオーネット・コールマンの影響が現れていると言えよう。

フリージャズを聴き慣れないリスナーには、セシル・テイラーの音楽はハードルが高いように感じられるだろう――猛スピードで夥しい音数がほとんどランダムに跳び回っているように聴こえかねない（実際は意外に正確だが）。しかも一曲が三〇分以上続く場合もめずらしくない。それに比べ、ブレイはいくらハーモニーの〈アウトサイド〉を模索しても、音数は多くなく、〈間〉がほどよく挟まれており、そして曲によってムードが大きく異なる。そしてとりわけ『フットルース』では、ブレイの冒険に対するピート・ラロカのダイナミックかつスインギーなドラミングのおかげで、いわゆる「ジャズらしさ」が保たれている。

二〇〇四年のインタビューで、ラロカはブレイとの演奏経験を振り返っているが、本盤の録音に入る前にブレイから依頼されたのは、「ただ、スイングしてくれればいい」ということだけだったそうだ。その点、ラロカは申し分なく任務を果たした。また、スティーヴ・スワローの貢献も見逃せない。後年、彼はエレキベース専門になったが、本盤では、ブレイの曖昧なハーモニーに適合したベースラインを弾きながら、ラロカのスイング感とロックインしているところもある。

『フットルース』には、「ホエン・ウィル・ザ・ブルース・リーヴ」のほかにも聴き応えのある演奏がある。ブレイのオリジナル曲「ターンズ」のメロディはフォークまたはカントリーの曲に聴こえるが、いったん即興演奏に入ってからは演奏がより自由な方向に進む。また、カーラ・ブレイの曲群はとくに印象に残るだろう――不気味な響きから始まる「フローター」もそうだが、「ヴァシュカー」という曲でのブレイの演奏は、数年後のキース・ジャレットのサウンドに間違えられそうなほど近似している〈ジャレットは『フットルース』を「何百回も聴いた」と証言しており、相当の刺激を受けたことは、彼の初期のトリオ盤『人生の二つの扉』〈一九六八〉と『サムホエア・ビフォー』〈一九六九〉を聴けば明らかとなろう〉。

最後に、『フットルース』のタイトルについて触れたい。英語のタイトル"Footloose!"を英和辞典で調べると、「自由気まま」などの訳語が出てくるが、この場合は直訳の「足が縛りから抜けた」と理解すべきだと思う。つまり、当時のフリージャズのミュージシャン達が目指していた〈解放〉を唱えたタイトルであり、しかも原題の最後につけられている感嘆符「!」が、アルバムのタイトルをブレイの自由宣言に変えている、と読み取れる。フリージャズ運動は、それまでのジャズ界で定着した様々な束縛からの〈解放〉を求めて、より〈自由〉に新たなサウンドを創出しようとした。『フットルース』で、ポール・ブレイはその志をためらいなく追求している。

8　〈自由自在〉――チック・コリア・トリオの共同冒険

チック・コリア『ナウ・ヒー・シングス、ナウ・ヒー・ソブス』(一九六八)

ミロスラフ・ヴィトウス(b)、ロイ・ヘインズ(d)

ビル・エヴァンスとマッコイ・タイナーが一九六〇年代のピアノトリオに新しい地平を切り開いたとしたら、チック・コリア(一九四一―二〇二一)の初トリオ盤『ナウ・ヒー・シングス、ナウ・ヒー・ソブス』はその新次元をさらに開拓したと言える。コリア達はエヴァンス・トリオのブロークンタイムおよび活発なインタープレイを発展させながら、いっそう自由自在な即興演奏と強力なスイング感を披露した。また、左手の四度ハーモニーと右手のキレのある即興ラインは、初期のマッコイ・タイナーのピアノサウンドを彷彿させるときもあるものの、コリアはラテンジャズのバンドで身につけた特有のリズム感、そして持ち前のリリシズムをサウンドに加えた。要するに『ナウ・ヒー・シングス……』は、それまでの最先端を行くピアノトリオの集大成であると同時に、新しい魅惑的なサウンドを作り上げたわけだ。

本盤のドラマー、ロイ・ヘインズはマッコイ・タイナーの『リーチング・フォース』と同じだが、タイナーとエルヴィン・ジョーンズが名コンビであると同様に、コリアとヘインズはすこぶる相性のよいコンビである。それこそ、二人の以心伝心の活発なインタープレイはこのトリオの大きな醍醐味だと言える。ベーシストのミロスラフ・ヴィトウスは、この録音の二年前にチェコスロヴァキアからアメリカに移住し、録音当時はまだ二〇歳だった(コリアは二六歳、ヘインズは四三歳だった。余談だが、二〇二三年一一月現在、ヘインズは九八歳であり、ユーチューブでは八五歳のときのイタリアのジャズフェスでコリアのバンドで精力的にドラムを叩いている姿が見られ、優れたドラミングもさることながら、彼の不屈のエネルギーと生命力に全く感服させられてしまう)。ヴィトウスはエヴァンス・トリオのスコット・ラファロに相当の影響を受け、ベースの高音域での速弾きプレイおよび柔軟なリズムにその影響が聴き取れる。だが、若かったにもかかわらず、ヴィトウスはすでに独自のサウンドを作り上げており、とくに一九六〇年代半ばのジョン・コルトレーン・カルテットやマイルス・デイビス・クインテットなどに現れたハーモニーへの新しいアプローチを、さっそく自分の演奏に取り入れていた。

本盤を聴いて驚くのは、録音当日、スタジオに集まるまでヴィトウスとヘインズは顔を合わせたことすらなかったということである。それなのに、このトリオは長年共演してきたとしか思えないほど、密接で冒険的なインタープレイを終始披露している。一曲目の「ステップス／ホワット・ワズ(Steps/What Was)」でも、そのインタープレイを思い切って実行している。タイトルから察すると、この曲は二部に分かれているが、演奏を聴くと三つの独立した曲から構成されているようにも思える。まず、0:00–0:46はソロピアノ中心のイントロである。途中でヘインズが色彩を加えることもあるが、基本的にコリアの自由な即興演奏であり、フリージャズや現代音楽に聴こえる部分が耳にとまる。次に、速いテンポで「ステップス」のメロディが始まり(0:47–1:05)、その後のピアノソロ(1:06–4:31)に入ったとたんに三人がいきなりエンジン全開状態で走り出し、きびきびしたフォービートのリズムで演奏が展開する。コリアのキレキレの右手ラインとヘインズのカラッとしたライドシンバルが耳に響く。この辺りでは、コリアのピアノサウンドが相当にマッコイ・タイナーの影響を受けていることが明らかだろう——左手がタイナーと同様に四度のコードヴォイシングを中心に使っており、しかもタイナーのトレードマークである低音域でガーンと弾く五度のコードも使っている(3:13–3:14; 3:25–3:26)。コリアの鮮やかな右手ラインもタイナーを彷彿させるところがあるが、『リーチング・フォース』でタイナーと共演したロイ・ヘインズは、本演奏ではいっそう積極的にサウンド作りに参加しており、その鋭いサウンドがコリアとぴったり合っている。一九六〇年代にタイナーは主にエルヴィン・ジョーンズと共演していたが、ジョーンズのドラミングはタムタムやバスドラムなどをよく使うためどうしても低音域が際立ち、全体として重厚かつ重層的なサウンドになる。対照的に、ヘインズはライドシンバルとスネアドラムを中心に使い、きわめてシャープなサウンドと直線的なドライヴ感が特徴であり、それ故にコリアのピアノスタイルとはとくに相性がよいように思う。とは言え、ヘインズのドラムソロ(5:02-7:31)では、タムタムやバスドラムを含めドラムセット全体を使っており、さらに各ドラムやシンバルの音色を微妙に変えることや、強弱の使い分け方なども聴き逃せない。

コリアとヘインズほど相性がよく、活発なインタープレイを常に披露するピアノトリオでは、ベーシストが陰に潜む傾向があるが、ミロスラフ・ヴィトウスは先輩格の共演者の二人に一歩も引けを取らず、終始積極的にサウンド作りに貢献している。とくにコリアのピアノソロのバッキングを弾く際、ヴィトウスはラファロのごとくベースの高音域で即興のカウンターメロディを加えることもあれば、いきなり低音域に移り深いベースらしいサウンドでフォービートのリズムを刻むこともある。

「ステップス」では、コリアが初期のマッコイ・タイナーのピアノサウンドを彷彿させる側面もあるが、7:32から始まる「ホワット・ワズ」では、ムードもコリアのピアノサウンドもがらりと変わる。テンポもリズムも「ステップス」と異なり、メロディとハーモニーはどことなくフラメンコを連想させ、何よりもコリアの情緒豊かなリリシズムがよく現れている。「ホワット・ワズ」を初めて聴く現在のジャズファンがどことなく聴き覚えがあると思ったとしたら、それはこの曲が後年のコリアのヒット曲「スペイン」の骨格になっているからである。8:34-9:02は一応ピアノソロになっているが、三人の生き生きしたインタープレイがあまりにも活発であり、各自の存在感がほぼ同等に際立つため、従来の意味での「ピアノソロ」とは呼べないだろう。前述したように、ピアノトリオやリズムセクションにおけるインタープレイはビル・エヴァンス・トリオが土台を作ったが、インタープレイにかけてコリア達はエヴァンスらの前例を上回っているように聴こえる。と言うのは、ポール・モチアンは確かにブロークンタイムでジャズドラミングに新しい感覚を持ち込んだものの、エヴァンス・トリオではどうしてもドラマーがピアノとベースの陰に潜むことになりがちだった。

逆に、マッコイ・タイナーのピアノトリオの場合——とりわけ最も相性のよいエルヴィン・ジョーンズが参加したトリオ盤では——ベーシストの存在感が共演者達に比べてやや薄いと言わなければならない(そもそもベースは普通目立たないような役割なので、それはかえって当たり前と言えるが……)。

だが、チック・コリアのこのトリオでは、三人が常に積極的な姿勢を見せ、最年少のヴィトウスもコリアとヘインズのバリバリした演奏に負けず、メロディの演奏においても即興演奏においても、リズムや使う音域を頻繁に変えており、カウンターメロディを挟むときもあればどっしりしたベース音を刻むところもあり、多様なサウンドと奏法を常に披露している(8:34-9:40)。ヘインズもコリアのアイディアに繊細に反応しながら演奏全体を燃えさせている。上述したように、彼のサウンドではシンバル類とスネアドラムの音が際立ち、コリアのピアノサウンドと同様に痛快な切れ味がある。たとえば、コリアが弾くメロディに対してシンバルとスネアドラムで刻むリズムパターン(8:22–8:28)や、その直後にハイハットで打ち出すカラッとしたサウンドとキレキレのリズムパターン(8:31–8:42)などが好例である。

「ホワット・ワズ」では、コリア自身はどんなに長いラインを弾いていても、気の利いたメロディ感覚を披露しており、フレーズ内のリズムも微妙に変化させる(9:01–9:09; 9:41–9:54)。ヴィトウスは、バッキングにおいてのみならず聴き応えあるベースソロ(11:10–12:14)も弾いており、それに対するコリアの繊細かつ創造的なバッキングも聴き逃せない。そして、ロイ・ヘインズの鮮やかなハイハットのサウンドが最後までリスナーの耳を刺激し続ける。

一九六〇年代にピアノトリオでは新しいサウンドとアプローチが現れたが、『ナウ・ヒー・シングス、ナウ・ヒー・ソブス』ではコリア達が大胆なインタープレイと溢れんばかりの冒険心で、ピアノトリオのさらなる可能性を指し示したと言える。

第五章　一九七〇年代以降のピアノトリオ

この最終章では、一九七〇年代から現在までに出現したピアノトリオのうち、ほんの数例しか取り上げる余裕はない。一九四〇年代のナット・キング・コール、バド・パウエル、そしてエロル・ガーナーのそれぞれのトリオが、その後出現したピアノトリオの土台を作ったのと同様に、一九六〇年代にはビル・エヴァンス、マッコイ・タイナー、そしてチック・コリアのピアノトリオがその後のピアノトリオに対して多大な影響を及ぼした。また、一九八〇年代に結成されたキース・ジャレットとジェリ・アレンのトリオ、そして一九九〇年代にはブラッド・メルドー・トリオが、同時代および後年のピアノトリオにとくに大きな刺激となったので、本章でこの三人のトリオを取り上げることは絶対だと思うのだが、問題はそのほかの聴き甲斐のある無数のピアノトリオの中から、どれを対象にすべきかということである。

さらに二一世紀に出現したピアノトリオでは、新星として注目を浴びたピアニストおよびトリオ——たとえばジェイソン・モラン、ザ・バッド・プラス、ヴィジェイ・アイヤー、"E.S.T."、ロバート・グラスパー、上原ひろみ、ジェイムズ・フランシーズなど——も取り上げるべきではないかと悩んだ。だが、紙幅が限られているばかりでなく、中堅のいわゆる「主流派ピアニスト」(シダー・ウォルトン、ジェームズ・ウィリアムス、ケニー・バロン)に加え、多くの読者にはなじみが薄いと思われるピアノトリオ(メアリー・ルー・ウィリアムス、チップ・スティーブンス、フロネシス)も多少紹介したかったため、上記の新星達を割愛することに決めた。結局、世の中の数々のピアノトリオのうち、本章では一三のトリオに絞り、しかもその大半についてごく簡潔に触れることに留めた。ご了承いただきたい。

まず、アコースティック系のピアノトリオが激減した一九七〇年代から見ていこう。

1 一九七〇年代・フュージョン全盛期のピアノトリオ

シダー・ウォルトン『ピット・イン』(一九七五)

サム・ジョーンズ(b)、ビリー・ヒギンズ(d)

新宿の「ピット・イン」で録音されたライブ盤である。日本国内では有名なアルバムだが、アメリカでは長い間「幻の輸入盤」としてなかなか手に入りにくかった。何せ、シダー・ウォルトン（一九三四―二〇一三）は自国では知る人ぞ知るというピアニストであり、彼の力強いタッチとスインギーなピアノスタイル、加えて作曲家としての才能は今日でも十分に認識されていないと言える。

『ピット・イン』の録音当時、日米両国のジャズ界はフュージョン全盛期の真っただ中であり、一時期はウォルトンも電子キーボードに転じ、フュージョンバンドを率いることもあったが、やはりフュージョンでは本領を発揮できないタイプのミュージシャンだったように思える（筆者は本盤発表の数年後、ウォルトンのロスアンゼルスでのライブを楽しみに、遠くまで足を運んで聴きに行ったが、電子キーボード中心のフュージョンバンドだったので、がっかりして帰った覚えがある）。

幸い、本盤はバリバリのアコースティック系のピアノトリオである。しかもウォルトンとすこぶる相性のよい共演者が揃っている。とりわけウォルトンの強靭なタッチとビリー・ヒギンズの軽やかかつ透明なシンバルのサウンドが絶妙のバランスを成しており、彼らはジャズ界のピアニストとドラマーの名コンビの一つだと言える（ただし、ヒギンズは五〇〇枚以上のアルバムに参加していることからもわかるように、多様なミュージシャンに適応できるドラマーだった）。

さて、『ピット・イン』を聴いた多くのリスナーには、おそらくウォルトンの魅力的なオリジナル曲「ファンタジー・イン・D（ウゲツ）」が一番記憶に残っているだろう。まず、メロディが印象に残りやすく、また三人による潑溂とした演奏も忘れ難い。ただし、ライブ盤だったためか、一一年前に初めてアート・ブレイキーとジャズ・メッセンジャーズで録音したときや、一〇年後のウォルトンの『ザ・トリオ3』に収録された同曲の演奏に比べ、本演奏はテンポがやや速すぎるように聴こえる。また、この曲でのウォルトンのピアノソロは、パターン（クリシェ）にかなり依拠していることも気になる（1:16–1:20; 1:42–1:52; 2:46–2:50; 6:46–6:50; 6:56–7:02）。むしろ、本盤最大の名演はスタンダード曲「ウィズアウト・ア・ソング」だと思うので、その一曲に注目したい。

最初の約五〇秒間はウォルトンのソロピアノによるイントロである。冒頭からいきなり代理コード進行を使ってハーモニーを変容させる手法はアート・テイタムに由来し、素早いアルペジオでハーモニーの輪郭を描くところもテイタムを彷彿させる（テイタムのトリオ演奏はあまり評価されないが、ソロピアノでのハーモニーに対する革新的なアプローチは、ジャズピアノ界で定着し現在も継承されている）。メロディに入ると、バリバリした聴き心地よいスイング感が醸し出される――サム・ジョーンズはツービートのリズムを中心に刻みながら装飾のメロディを挟み（0:56–0:59）、ビリー・ヒギンズはブラシを使っているが、スネアドラムの音だけに注目すると、彼が刻んでいるリズムパターンをしばしば変えていることに気づく（1:11–1:17; 1:36–1:42）。

メロディの後、サム・ジョーンズのベースソロがあるが、録音のせいかフュージョン時代の影響か、いつもの自然な「ウッドらしい」音色より電子音が耳につくのは少し残念に思える。

2:48からピアノソロが始まると、ジョーンズはフォービートに切り替え、ヒギンズはブラシをスティックに取り替えてライドシンバルを叩き始めるが、その音色は実にきれいで常に明瞭に響いている。「ファンタジー・イン・D（ウゲツ）」のピアノソロでのウォルトンはパターンやクリシェを多めに使っていたが、「ウィズアウト・ア・ソング」にはそのようなクリシェはほとんどなく、それこそ弾き慣れたパターン（4:42–4:43）を弾いた直後、自制するかのように数秒間何も弾かずに長い〈間〉を空けるところが興味深い（4:46–4:52）。あくまでも新鮮なアイディアを打ち出そうという強い意志が伝わる瞬間である。

演奏全体が白熱しており、三人とも冴えに冴えているが、頂点はウォルトンとヒギンズによる二分余りのソロの交換である（5:00–7:17）。八小節ずつの即興演奏だが、ウォルトンの煌びやかなプレイもさることながら、ここではヒギンズの多様なサウンドに注目したい。ソロではドラムセット全体を使っているが、それぞれの短いソロではセットの違う部分に重点をおいており、ドラムセットという楽器の色彩あふれる可能性を個別に披露している感がある。たとえば、ライドシンバル中心のソロもあれば（5:31–5:39）、スネアドラムとリム（周りの金属部分）を中心に使うソロもあり（5:46–5:53）、そしてハイハットから様々なサウンドを打ち出して聴衆を興奮させるところもある（6:17–6:25）。

アコースティック系のピアノトリオを好むジャズミュージシャンやファンにとって、フュージョン全盛期は不満の時代だったが、シダー・ウォルトン・トリオの『ピット・イン』は、アルバムジャケットを飾る真っ赤な風船の写真と同様に、鮮やかな例外だった。

メアリー・ルー・ウィリアムス『フリー・スピリッツ』(一九七六)

バスター・ウィリアムス(b)、ミッキー・ロッカー(d)

女性だという理由で、ジャズ界で長年過小評価されてきた代表格はメアリー・ルー・ウィリアムス(一九一〇―八一)だろう。

子供の頃に地元ピッツバーグで「神童」と見なされ、ピアノを習ったことがなかったのに六歳頃から聴衆を前に演奏し始め、一五歳でフルタイムのプロミュージシャンになっていた。一六歳でサックス奏者ジョン・ウィリアムスと結婚し(旧姓はMary Elfrieda Scruggs)、夫の出身地メンフィスにしばらく滞在してからオクラホマ州に移住し、夫が「アンディ・カーク・アンド・ヒズ・トゥエルブ・クラウズ・オブ・ジョイ」(と、後年に名づけられたバンド)に入ると、一九二九年に夫婦はバンドと一緒にカンザスシティに移った。しばらくの間、ウィリアムスはバンドに入れてもらえず、運転手など雑用係をさせられたが、いったんピアノの座を占めるようになると、彼女はたちまちバンドのスタープレイヤーになり、アレンジャーにもなった。

アレンジャーとしての才能は、後年彼女に編曲を依頼したバンドリーダーの名前から明らかとなろう——アール・ハインズ、ジミー・ランスフォード、ベニー・グッドマン、トミー・ドーシー、デューク・エリントンなどである。さらに作曲家としても、ウィリアムスはベニー・グッドマンのヒットしたブギウギ曲「ロール・エム（Roll 'Em）」や、ナット・キング・コールのヒットになった「リトル・ジョー・フロム・シカゴ」のようなシンプルな曲を作った。その一方、一九四〇年代には一二部で構成される「ゾディアック組曲（Zodiac Suite）」や、六〇年代にはミサのために作った「メアリー・ルーのミサ」のような野心的な長編作もある（後曲の原題は“Music for Peace”だが、後に“Mary Lou's Mass”として知られるようになった）。ちなみに、ウィリアムスは一九五〇年代に数年間音楽から身を引き、カトリックに改宗してきわめて敬虔な信者になった。

要するに、彼女は作曲と編曲の才能だけでもジャズ史に残るべき存在のみならず、ジャズピアノ史全体をリアルタイムで生きたピアニストであり、しかもブルースやブギウギ、ストライドやスイング、そしてビバップからポストバップまで、各時代の新しいサウンドを吸収し、自分の音楽に盛り込んでいった点で、デューク・エリントンやコールマン・ホーキンスと並んで、稀なるミュージシャンである。それこそ、エリントン自身がウィリアムスについて“perpetually contemporary”（「常に同時代／常にモダン」）という表現を使っている。

その一例として、ウィリアムスが六五歳のときに録音したトリオ盤『フリー・スピリッツ』

の中の、ジョン・スタブルフィールド作曲「ベイビー・マン」を取り上げたい（このトリオには「ウィリアムス」が二人いるため、以下、名前で呼ぶことにする）。

ジョン・スタブルフィールドはシカゴのAACMに参加していたサックス奏者である。AACMとは、一九六〇年代に地元の黒人ミュージシャンによって結成された、フリージャズを中心とする共同体組織である。だが、「ベイビー・マン」はフリージャズどころか、むしろポップバラードに聴こえるだろう。

メロディにはそのような響きがあるものの、即興演奏に入ってからメアリー・ルーがブルージーなフレーズの合間に挟むコードは、ハービー・ハンコックのようなモダンなハーモニーになっていると言える（1:14–1:36）。また、この一曲を通してバスターのベースの音色はごく自然であり（後年には、耳障りな電子音に聴こえるときもある）、長いベースソロも創造性豊かで味わい深い（4:29–7:06）。しかも、ベースソロに対するメアリー・ルーのバッキングはフリージャズにすら聴こえる箇所がある（4:55–5:08）。エリントンが彼女を"perpetually contemporary"と呼んだ際には、このようなサウンドを念頭においていたのだろう。思えば、彼女の不滅の好奇心と冒険心はエリントンと共通していた。

「ベイビー・マン」の最後に、つまりベースソロの後に、メロディの静かなムードに戻ったかと思いきや、サビに入るとメアリー・ルーが鮮やかでモダンなブロックコードでいったん盛り上げ(7:55-8:04)、そして物静かなAセクションに戻って終わる。一九一〇年代からジャズを弾き続けてきたピアニストの演奏だとはとても思えない、若々しいサウンドである。

2　一九八〇年代・アコースティックジャズの復活

キース・ジャレット『スタンダーズ・ライブ』(一九八六)

ゲイリー・ピーコック(b)、ジャック・ディジョネット(d)

キース・ジャレット(一九四五―)はきわめて幅広い音楽活動を行ってきたが、一九七〇年代から開始したソロピアノの即興演奏コンサートで最も知られているだろう。それこそ、一九七五年の二枚組LP『ケルン・コンサート』は世の中のすべてのピアノアルバムのうち、史上最大のベストセラーになった。

ジャレットの「スタンダーズトリオ」は一九八三年に結成され、二〇一四年まで続いた。このトリオを結成するまで、ジャレットはソロピアノの即興演奏コンサートに加えてオリジナル曲を中心とするカルテットを率いていたが、スタンダーズトリオでは、いわゆる「ザ・グレイト・アメリカン・ソングブック」をレパートリーの中心に据えている。その曲群とは、主に一九三〇年代から五〇年代までに発表されたブロードウェイ・シアターのミュージカル演劇やハリウッドのミュージカル映画に由来し、作曲家はジョージ・ガーシュウィン、コール・ポーター、ジェローム・カーン、リチャード・ロジャース、ハロルド・アーレンなどである。ジャズミュージシャンがよく演奏するが故に「ジャズスタンダード」(ジャズの定番曲)と呼ばれるわけだ。

しかし、ジャレットはなぜそのような古いポピュラーソングを中心に演奏するトリオを結成したのだろうか。理由はごく簡単だと思う——彼は美しいメロディが本当に好きだから、にほかならない。ジャレットの伝記を著したドイツ人のウォルフガング・サンドナーによると、ジャレットはインタビューで、上記の作曲家達のような美しいメロディの曲が作られなくなったことをしばしば嘆き、「スタンダード曲が過小評価されているのは、人々がメロディを書くことがどれほど難しいかをわかっていないからだと思う」とも述べている(余談だが、サンドナーのドイツ語の原書は二〇一五年に刊行され、二〇二〇年に刊行された英語版はジャレットのドイツ在住の弟クリスが翻訳した)。

ジャズ界では、ジャレットに対する評価はかなり分かれているようだ。彼の豊かな才能を疑う人はほとんどいないが、スタンダーズトリオを含め、一九八〇年代以降の演奏をあまり評価しないジャズファンや評論家もおり、ジャレットの熱烈なファンの中にも、彼が演奏中に発する様々な声——唸り声、喚き声、笑い声、弾いたばかりの音に対する感動の声など——を耳障りに感じる人もいる。だが、そうした問題にもかかわらず、ジャレットがピアノから美しいサウンドを引き出すからこそ、その人気が揺るがないのだろう。

ジャレットが引き出すサウンドは繊細なタッチによって作り上げられる部分もあるが、何よりも彼の屈指のメロディ感覚から成り立っていると思う。スタンダーズトリオでは、ジャレットはきれいなメロディの曲群を中心に演奏しており、一曲一曲のメロディをできるだけ美しく弾き、そして即興演奏に入ってからも新たにきれいなメロディを作り上げようとしている。ベースのゲイリー・ピーコックとドラムのジャック・ディジョネットとの活発――だが、至極繊細な――インタープレイに加え、そのような美しいメロディに満ちたサウンドがこのトリオ最大の醍醐味だと言えよう。本盤の「トゥ・ヤング・トゥ・ゴー・ステディ」が好例。

ソロピアノによるイントロは0:40まで続き、それからブロークンタイムを中心に三人がメロディの部分を演奏し始める。ジャレットは右手の単音でメロディを弾くが、やはり美しいタッチとフレージング(一音一音を弾くタイミングなど)が情緒豊かなサウンドに仕上げている。だが、メロディの間に挟まれるピーコックの創造的なカウンターメロディも聴き逃せない(0:50–0:52; 0:58–1:01)。

メロディが終わり、即興演奏に入ろうとするときにジャレットが短い即興フレーズを弾くが、それ自体が別のメロディの始まりとして聴こえ(2:03–2:08)、その後もきれいなメロディを創出しながらつなげていく。これまでに取り上げたほとんどのピアニストに比べ、ジャレットは即興演奏においてクリシェに依拠しないように聴こえる。常に新鮮なメロディを作り上げることに情熱をかけているという印象を受ける。

即興演奏の途中から、いつの間にかピーコックとディジョネットが独特なグルーヴを築き上げることで演奏全体がいっそう盛り上がる(5:00辺りからのドラミングに注目するとわかりやすい)。ディジョネットが刻むグルーヴをよく聴くと、どことなくヴァーネル・フォーニアを彷彿させるが、ディジョネットはあるラジオインタビューで、ドラムを叩くようになったきっかけは、アーマッド・ジャマル・トリオの『アット・ザ・パージング』を聴いてフォーニアのドラムに魅了されたことだったと証言している。しかも、当時ディジョネットはまだ出身地シカゴに住んでいたので、その後はきっとライブでも聴く機会があったのだろう(録音が行われた「パージング・ラウンジ」はシカゴにあった)。

あまり知られていないようだが、フォーニアを聴くまで、ディジョネットは主にピアニストとして働いていた。そればかりではない、ピーコックももともとはピアニストであり、入軍してからベースに転じた。要するに、ジャレットのスタンダーズトリオは、三人のピアニストによるピアノトリオだというわけだ。

ジャレットの優れたメロディ感覚と三人の繊細なインタープレイに加え、このトリオのもう一つの大きな魅力は、ジャレットのソロピアノ演奏にある。矛盾に聞こえるが、ジャレットはメロディに入る前に、一人で長い即興のイントロを弾くことがよくある。そして、数々のイントロの中で、本盤の「ステラ・バイ・スターライト」の長いイントロ(0:00–3:24)が彼のトリオでの最高傑作だと見なす人が少なくないようだ。しかも、その中にはプロのピアニストも含まれる。ユーチューブを検索すると、このイントロを採譜したピアニストもおり、自らコピーして弾いているピアニストもいるが、特筆すべき動画は、フランス人のピアニスト兼アレンジャーのアントワン・エルヴェが、およそ一〇分に及びジャレットのこのイントロを聴かせながら子細に解説しているものである(二〇二三年一一月現在、以下のリンクでアクセス可:https://www.youtube.com/watch?v=U8PfKnrUG4Q)。

エルヴェはジャレットの「ステラ・バイ・スターライト」のイントロに、ドビュッシーやラヴェル、ストラヴィンスキーなど様々なクラシック音楽の作曲家との類似性を指摘しながら、即興とは言え傑出した作品に仕上げていることを力説している。確かに、このイントロは情緒あふれる美しいメロディ、そして変化に富むハーモニーがともに耳を捉える。しかも、エルヴェが論じるように、ジャレットは複数のテーマとムードを微妙に組み合わせ、一つのまとまった作品に仕上げている。それを即興で行うところにジャレットの稀なる才能が窺える。

やはり、キース・ジャレットは常にきれいなメロディを作ろうとするピアニストだと理解すべきだと思う。スタンダーズトリオでは、それがソロピアノによるイントロにおいても、三人による活発なインタープレイを追求する演奏においても、常に現れている。

ジェームズ・ウィリアムス『マジカル・トリオ2』(一九八七)
レイ・ブラウン(b)、エルヴィン・ジョーンズ(d)

一九八七年からジェームズ・ウィリアムス(一九五一―二〇〇四)は「マジカル・トリオ」というバンド名で三枚のアルバムを発表した。最初の二枚はレイ・ブラウンがベースを弾いているが、一枚目はアート・ブレイキー、二枚目ではエルヴィン・ジョーンズがドラムの座を占めている。そのような大物のベテランとは対照的に、三枚目の『ミート・ザ・マジカル・トリオ』では、ウィリアムスはチャーネット・モフェット(b)とジェフ・ワッツ(d)という、当時注目の若手を共演者に迎えた。ここでは、二枚目の『マジカル・トリオ2』の一曲を取り上げたい。

苗字は同じだが、ジェームズ・ウィリアムスは、上述したメアリー・ルーともバスターとも血縁関係はない(アメリカの黒人の中では、「ウィリアムス」が最も多い苗字である)。彼はフィニアス・ニューボーンJr.を輩出したメンフィスの出身である。モダンジャズでは、ニューヨーク、シカゴ、デトロイト、フィラデルフィア、そしてピッツバーグが多くの著名なジャズピアニストを輩出したが、はるかに人口の少ないメンフィスも意外にそうである――ニューボーンとウイリアムスのほかに、ハロルド・メイバーンとドナルド・ブラウンもメンフィス出身であり、隣のミシシッピー州出身のマルグリュー・ミラーは、ウィリアムスやブラウンとメンフィス・ステート大学の同期生だった。しかも、後年にこの三人がほぼ交代でアート・ブレイキーとジャズ・メッセンジャーズでピアノの座を占めることになった。

概して言えば、メンフィスのジャズピアニストはブルースとリズムアンドブルースが得意である。ブルースの最も有名な地方であるミシシッピーデルタが近くにあると思えば当然かもしれないが、ウィリアムスはさらにゴスペル音楽の経験が豊富だった。と言うのは、彼はバプティスト教会の専属オルガン奏者を六年間も務めたからである。その後、たった二二歳という若さでバークリー音楽院の教員となり、後にニューヨークに移住してから肝臓癌で他界するまで、演奏活動の傍ら大学などでジャズ教育に携わり、とくに温厚な先生として慕われていたようだ。

ウィリアムスのピアノスタイルは、ジャズ・メッセンジャーズで培われたバリバリのドライヴ感に加え、マッコイ・タイナーのハーモニーをある程度盛り込んだものだと言える。あくまでもスインギー、ブルージー、そしてソウルフルだが、たまにタイナーのように「アウトサイド」のハーモニーを模索することがある。結局、ウィリアムスはとくに「先進的」や「個性的」とは呼べないものの、演奏に力みや自意識過剰などの気配が一切なく、痛快なスイング感とドライヴ感が醍醐味だと思う。以下、『マジカル・トリオ２』の「ボヘミア・アフター・ダーク」を見ていこう。

「ボヘミア・アフター・ダーク」はビバップの代表的なベーシストだったオスカー・ペティフォードのオリジナル曲だが、ウィリアムス自身も作曲家として才能を現し、彼のオリジナル曲のうちには、いまだにジャズ界で演奏され続けているものがある。本演奏の「ボヘミア・アフター・ダーク」にはイントロがなく、演奏開始から火花が散るように燃えている。エルヴィン・ジョーンズはメロディに合わせてスネアとバスドラムで強力なアクセントをつけ、即興演奏に入る前の数回にわたる短いドラムソロからすでに白熱状態である(0:33–0:40)。ウィリアムスも同様であり、ソロの出だしからエンジン全開である。ハーモニーを一時的に離脱する際には(1:05–1:11; 1:19–1:22)、確かにマッコイ・タイナーのサウンドにかなり近い(近すぎる?)ように聴こえるが、彼の猛烈なドライヴ感は、タイナーやコリアなどとも明らかに違っており、むしろジャズ・メッセンジャーズのほかのピアニスト達と共通していると思う。

また、ウィリアムスは単音ラインのサウンドに厚みを加えたい際に、ラインの途中で単音の代わりに右手で二つ(またはそれ以上)の音を同時に押さえる奏法を使うことがある(1:01–1:02, ヴァリエーションとして1:45–2:05)。英語のジャズ用語でこの奏法は“double stop”と呼ばれ、オスカー・ピーターソンもよく使うが、ウィリアムスの場合は、フィニアス・ニューボーンJr.の録音に倣ったと思われる。とにかく、ウィリアムスをはじめとする同世代のメンフィスのミュージシャン達にとって、ニューボーンは偉大な存在だった。

即興演奏が終わり、ドラムソロに入ったかと思いきや(1:42–1:50)、ウィリアムスはまだ燃え尽きていないようで、またソロを再開するところも痛快である。この曲ではどうしてもウィリアムスとジョーンズが主役だが、レイ・ブラウンが0:56辺りで引っ張るように弾く低い音に触発されたウィリアムスはさらに勢いがつくように聴こえる。最後に、ウィリアムスがメロディを明らかに弾き終わっているにもかかわらず、ジョーンズはまだ演奏を止めたくないのか、唸りながら叩きまくり続けている。結果としてジョーンズが一人でエンディングを伸ばしに伸ばしているが、それを見る共演者達はきっと呆れながら笑っていたと想像される。このご機嫌なトリオ演奏を耳にするリスナーも、目じりが下がらないはずはない。

3　一九九〇年代・新型ピアノトリオの出現

グレイト3『ビギン・ザ・ビギン』(一九九四)

菊地雅章(p)、ゲイリー・ピーコック(b)、富樫雅彦(d)

世界的に知られる日本人のジャズミュージシャンには、ピアニストが多いように思う――秋吉敏子、山下洋輔、佐藤允彦、高瀬アキ、小曽根真、大西順子、上原ひろみ、海野《うんの》雅威《ただたか》、そして狭間美帆などである（狭間は主に作曲、アレンジャー、そしてバンドリーダーとして活躍している若手である）。だが、そのようなピアニストの中でも最も個性的なのは、「プーさん」こと菊地雅《まさ》章《ぶみ》（一九三九―二〇一五）かもしれない。いや、世界のすべてのジャズピアニストの中でも、彼は特異なサウンドとアプローチを披露していたと言える。

菊地は、一九六〇年代から渡辺貞夫や日野皓正など日本のジャズ界屈指のバンドと共演していたが、後にニューヨークを拠点とし、そこでピアニスト、アレンジャーとして独特な音楽世界を追求し続けた。本盤『ビギン・ザ・ビギン』には一一曲が収録されている。ピーコックのオリジナルが二曲、菊地と富樫も一曲ずつ提供している。このオリジナル曲に加え、よく聴くスタンダードも四曲含まれている――「サマータイム」「スカイラーク」「ミスティ」、そして「マイ・フェイヴァリット・シングス」である。だが、そのようななじみ深いスタンダード曲に対する菊地のアプローチは〈異端〉と言わざるを得ない。それが最も顕著に現れているのが「ミスティ」のソロピアノ演奏だろう。ソロピアノなのでここでは詳述を控えるが、「ミスティ」のメロディもハーモニーも解体した状態から演奏が始まり、そして菊地が弾いているうちに元の歌が徐々に組み立てられていく、という構造になっている。

菊地のピアノスタイル――そして富樫雅彦のドラミング――の大きな特徴は、サウンド作りにおいて〈音〉と同じくらい〈沈黙〉が比重をもっていることである。つまり、音と音との間に大きな空白が開くことがしばしばあるが、その結果、一音一音に与えられる重みが増すことにつながる。トリオ演奏ではアルバムの一曲目「サマータイム」が好例。

「サマータイム」のなじみ深いメロディを楽しみに聴き始めたリスナーは、さっそくアルバムの一曲目から見事に期待を裏切られてしまう。と言うのは、イントロから不気味な重々しいサウンドが耳を襲ってくるのである。そのとき右手で繰り返されるフレーズが弾かれるタイミングが妙にずれているように聴こえる。とにかく、本演奏のようなムードで始まる「サマータイム」はほかに聴いたことがない。

そのようなソロピアノのイントロの後、0:36にベースとドラムが加わる(富樫のブラシワークはとくに注目に値する)。ようやく1:23からメロディに入るが、菊地のユニゾン奏法に対して、ピーコックがコールアンドレスポンスで即興のカウンターメロディで「答える」。メロディの途中で菊地は意外なコードを一つ押さえるが(2:05)、本盤を全部聴けば、彼の演奏が意外性に富んでいることがわかる。逆に2:50からマイナー調で下がるシンプルなフレーズ(C—B♭—A♭—F)を弾き出すと、まるでそのサウンドに取りつかれた子供のごとく執拗に繰り返し、七回も弾く。

後にコードを模索しながら新たなサウンド作りに取り掛かる箇所があるが(4:17)、菊地は普通のジャズピアニストのように、流暢にフレーズを弾いてつなげていこうとするよりも、デューク・エリントンやセロニアス・モンク、知る人ぞ知るピアニスト、ハービー・ニコルスなどのように、即興演奏の中でサウンドそのものを追求しながら新たな音を発掘しようとしているように聴こえる。

最後にメロディに戻ると、最初とは逆に、今度はピーコックがメロディの輪郭を描き、菊地がユニゾン奏法でそれに対して「答える」わけだが、最後に菊地がゆっくりしたコードで締めくくる……と思いきや、そのまま新たなサウンドを探索し始め、最後の最後まで予想できない音が続く。

「サマータイム」のように、菊地はスタンダード曲を大きく変容させるアプローチを好むことがわかるが、本盤にはさらに近年のピアノトリオがほとんど手掛けない曲も含まれている——「ローラ」「ビギン・ザ・ビギン」、そしてアルバムの最終曲はなんと「ホーム・オン・ザ・レンジ」(日本では「峠の我が家」として知られる)である。筆者と同年代のアメリカ育ちのリスナーなら、「ホーム・オン・ザ・レンジ」は小学校の音楽の授業で無理やり歌わされた記憶が強いため、素直に〈音楽〉として聴いたことがなく、軽視しがちである。少なくとも筆者は、本盤で菊地がごくシンプルに奏でるメロディを耳にするまで、「ホーム・オン・ザ・レンジ」をきれいな曲だと思ったことがなかった。

ジャズ評論家ホイットニー・バリエットがジャズを「驚きの音」と要約したことは有名だが、

菊地雅章のピアノ演奏はまさしくその通りである。

ジェリ・アレン『21 (Twenty One)』(一九九四)

ロン・カーター(b)、トニー・ウィリアムス(d)

一九七〇年代のフュージョン熱が冷めると、アコースティック系のフォービートジャズが復活した。ウィントン・マルサリスをはじめ、ジャズの伝統を継承しながらオリジナル曲も発表する若手ミュージシャンが次々と現れ、「ジャズの再来」や「ジャズ新時代の開幕」などと騒がれた。だが、一九八〇年代にデビューしたミュージシャンの中でも、ジェリ・アレン(一九五七—二〇一七)が最も独特なサウンドを披露した一人である。それこそ、彼女と何枚かのアルバムで共演したベーシストのチャーリー・ヘイデンは、一九九〇年代初めに次のように述べた——「この二〇年間に現れたピアニストの中で、彼女ほど独自のサウンドをもっている人はほとんどいない」、と。アレンのデビュー後に現れた若いピアニスト達にも、彼女に注目し多大な影響をうけた人がいる。たとえば、二〇〇〇年に結成された新型トリオ「ザ・バッド・プラス」の初代ピアニスト、イーサン・アイヴァーソンは、ジャズピアノ界では「ジェリ・アレン以前とジェリ・アレン以後があった。彼女はそれほど重要だ」とまで断言した。

アレンのピアノスタイルでは、強靭なタッチ、独自の潑溂としたリズム感とグルーヴ、そしてジャズの〈伝統〉と〈前衛〉の両面を融合させたサウンドが際立つ。最後の点では、アレンが長年見上げていたメアリー・ルー・ウィリアムスと共通している。アレンは独特きわまりないオリジナル曲も数々発表しているが、スタンダード曲を手掛けるときにも、いわば「新旧問わず」の姿勢を見せる。

ジャズの伝統的な側面におけるアレンの活躍は、演奏および作曲に留まらず、多方面に及ぶ。まず、米国内のジャズ教育への貢献が見逃せない。と言うのは、彼女は複数の大学の著名なジャズ研究科で教鞭を執る経験をもっており、後年にはピッツバーグ大学のジャズ研究科の研究科長も務めた。また、ピッツバーグ育ちのメアリー・ルー・ウィリアムスに関係する活躍だけを見ても、アレンは「ザ・メアリー・ルー・ウィリアムス・コレクティヴ」というグループを結成し、二〇〇六年に『ゾディアック・スイート――再訪 (Zodiac Suite: Revisited)』という、ウィリアムスの長編のオリジナル曲を題材にしたアルバムを発表している。そして、ウィリアムスをはじめとする女性のジャズミュージシャン達の貢献をめぐるイベントやコンサートも開催し、おまけにロバート・アルトマン監督の映画『カンザス・シティ』でウィリアムスの役を自ら演じたこともある。

ジャズの前衛的な側面に対するアレンの活躍としては、斬新なピアノサウンドそのもの、および彼女のオリジナル曲群を最初に挙げなければならないが、さらに彼女はオーネット・コールマンと共演した数少ないピアニストの一人であることを付け加えたい。アレンはチャーリー・ヘイデンとポール・モチアンとの一九八八年のトリオ盤『エチューズ』で、コールマン作の「ロンリー・ウーマン」を弾いているが、この曲はジョン・コルトレーンの「至上の愛」と同様に、あまりにも作曲家自身に密着する特有のイメージが強いためか、ほかのミュージシャン——とくにピアニスト——が挑むことは滅多にない。前述した通り、ヘイデン自身はコールマンの一九五九年のオリジナル録音に参加したが、その歴史的なアルバム『ザ・シェイプ・オブ・ジャズ・トゥ・カム』にはピアニストが含まれていない。対照的に、『エチューズ』には管楽器が一切含まれていないが、アレン達の「ロンリー・ウーマン」は印象に残る名演に仕上がっていると思う。その演奏におけるアレンの貢献は侮れない。

要するに、ジェリ・アレンの音楽はジャズの〈過去〉と〈現在〉——ときに〈未来〉——がごく自然に融合されているわけだ。本盤『21』も例外に漏れない。オリジナルは六曲、スタンダードが四曲、そしてセロニアス・モンクの二曲がメドレーで収録されている。どれを聴いても、アレンのサウンドはほかのピアニストとずいぶん異なっていることが明らかだが、以下、オリジナル曲「フィード・ザ・ファイア」を取り上げてから、スタンダード曲「ララバイ・オブ・ザ・リーヴス」について軽く触れたい。

「フィード・ザ・ファイア」は、アレン特有の生き生きしたリズミックなメロディから始まり、約0:20から速いテンポで即興演奏に入る。確かに、メロディ自体はカーラ・ブレイ作の「シンドローム」(初録音は『フットルース』に収録)を彷彿させる。ただし、アレンのこの曲はもっと速いテンポから始まり、メロディラインよりもリズムそのものに重点がおかれているように感じる。このトリオは、ビル・エヴァンスやキース・ジャレット——または、次に取り上げるブラッド・メルドー——のトリオのごとく、ブロークンタイムから即興演奏をじわじわと築き上げるのではなく、潑溂としたメロディが終わると、三人がいきなりエンジン全開のスインギーなフォービートで突っ走る。パターンに基づくフレーズをつなげていくところなど、アレンはマイルス・デイビス・クインテット時代のハービー・ハンコックを彷彿させるときがあるが(1:36–1:41; 2:02–2:09)、思えばハンコックが共演していたベーシストとドラマーは本盤の二人と同じだから、彼に近いサウンドが一瞬現出することは無理もないだろう。いずれにせよ、そのような瞬間を除けば、アレンのピアノサウンドは全く独自のものであり、とくにリズム感とハーモニーが独特だと言える。たとえば、1:47–1:55や2:18–2:30での濃密なコードヴォイシング、そしてそのコードを弾くリズム感はほかのどのピアニストにも似ていないだろう。

しかし、「フィード・ザ・ファイア」での独特なサウンドは、アレンのピアノ演奏だけによって作り上げられているわけではない。トニー・ウィリアムスの強力なドラミングも、トリオのサウンドにおいて大きな存在である。本盤では、ウィリアムスのバスドラムの音がとくに際立つが、通常のピアノトリオでは、彼ほどバスドラムを強く鳴らすと全体のサウンドを圧倒する恐れがあるものの、アレンのピアノサウンドがあまりにも強力だからこそ、このトリオの場合はバランスが崩れていないように聴こえる。

ベースソロ(2:59–4:29)ではロン・カーターがテンポを落とし、アレンもウィリアムスも音量を下げながら控えめなバッキングに転じる。ベースソロが終わる直前から(4:28)アレンが入り、そのままののんびりしたテンポで再びソロに乗り出すが、今度はスラーや「溜め」を含むきわめてブルージーなプレイを披露し(4:37–5:18)、後にユニゾン奏法による独特なメロディ感覚を披露するところもある(5:25–5:35)。

「ララバイ・オブ・ザ・リーヴス」は鮮やかなイントロから始まる。一〇秒くらいしかないイントロなのに、そのサウンドがあまりにも新鮮であり、しかも「ララバイ・オブ・ザ・リーヴス」のメロディ、ハーモニー、リズムを暗示するかけらもないため、なお記憶に残る。エロル・ガーナーのイントロを連想させられるが、それも偶然ではない。と言うのは、アレンはピッツバーグ大学のジャズ研究科に所属していたとき、同市出身のガーナーをめぐる企画に深く関わっていたことから、彼女はメアリー・ルー・ウィリアムスのほかに、ガーナーの音楽に対しても関心をもっていたことが窺える(アレン自身は共演者のロン・カーターと同様にデトロイトで育った)。

アレンは「ララバイ・オブ・ザ・リーヴス」のメロディを主に右手の単音で弾くが、メロディに対するフレージングなどよりも、彼女の強靱なタッチが耳につく。と言うのは、アレンが単音を弾く際は、キーを鍵盤の底までしっかり押さえているため、音一つひとつが大きな存在をもつ。評論家の間では、アレンのピアノサウンドにセシル・テイラーやマッコイ・タイナーの影響が現れていると指摘されることがあり、それもわからなくはないが、少なくともタッチという側面に限って言えば、むしろシダー・ウォルトンとの共通性が際立つように思う。それはメロディを弾くときのみならず、ソロに対しても言えることであり、本盤全体に対しても言えるだろう。いずれにせよ本盤を聴けば、ジェリ・アレンは強烈な存在感を現す、全く独特なピアニストだったことは疑いようがない。

ブラッド・メルドー『ソングス――アート・オブ・ザ・トリオ3』(一九九八)

ラリー・グレナディア(b)、ホルヘ・ロッシ(d)

本盤は、ゆったりしたテンポで美しいメロディが絶えず流れているが、どことなく憂鬱感が漂っているアルバムでもある。それはブラッド・メルドー(一九七〇―)のオリジナル曲群のタイトルにも反映されている(喪失感にまつわるタイトルが多い)。とりわけジェームズ・ウィリアムスやジェリ・アレンを聴いた直後に本盤を耳にしたら、まるで音楽における〈明暗〉を聴かされたように感じられるだろう。

とは言え、一九九〇年代にメルドーは本盤にあるような哀愁あふれる音楽しか弾かなかったわけではない。ユーチューブでジョシュア・レッドマン・カルテットの一九九四年のウィーンでのライブ演奏「チュニジアの夜」のピアノソロを聴けば、それは明らかとなろう（英語でJoshua Redman Quartet “Night In Tunisia” 1994 Vienna と検索すれば、演奏が聴けるばかりでなく、その演奏の中のメルドーのピアノソロが採譜された動画や、そのソロを細やかに分析する動画なども出てくる。それほど後年のピアニストの間でそのソロが話題になり、注目されてきた）。要するに、メルドーは弾こうと思えば猛スピードのビバップ曲も難なく弾け、意外にもスインギーなブルースも弾ける。同年の夏のミュンヘンでのレッドマン・カルテットのライブ演奏「ブルース・オン・サンデー」が一例。ピアノソロ自体がブルージーであるばかりでなく、非常によく組み立てられている。言い換えれば、後年のメルドーの内向的な音楽のファンでなくても、これらの演奏は素直に楽しめるだろう。ただし、動画で彼のサウンドを楽しむことができても、メルドーの弾く姿は楽しめないかもしれない――右肩がずっと窮屈そうに上がっており、おまけに絶えずしかめ面をしている。対照的に、ドラムのブライアン・ブレードの体の動きは自然でいかにもスイングして演奏を楽しんでいるように映り、ベースのクリスチャン・マックブライドもリラックスした演奏姿である。

言うまでもなく、その時々の奏者の気分や演奏状況（場所、曲群、共演者など）によって演奏内容が大きく異なることはあるが、少なくとも本盤のゆったりした曲群とメルドーのピアノサウンドは美しいながら哀愁に満ちており、決して「明るい」や「元気あふれる」とは記述できないだろう。

さて、メルドーのピアノスタイルの特徴を何点か挙げよう。

(1)タッチ――強／弱、レガート／スタッカート、一音一音を押さえるときの長／短（音を伸ばす時間差）などを細やかに使い分ける。

(2)リズム――メルドー自身はビートに対して緩急自在な感覚を披露し、この時期の演奏では、ビートに「乗っかっていく」よりも、ビートの「周辺を模索する」姿勢が際立つ。加えて、トリオはブロークンタイムを多用するものの、その際のリズムの捉え方はエヴァンス・トリオともジャレット・トリオとも違う。

(3)左手の使い方――ピアノソロの中で両手を独立して使うことがメルドーのピアノスタイルの大きな特徴であり、彼を聴く際は左手の使い方も注目に値する。上記の「ブルース・オン・サンデー」の 8:20–8:50 が一例だが、ピアノトリオやソロピアノの演奏においても対位法をはじめ、両手の独立したプレイがメルドーの大きな特徴の一つである。

以下、『ソングス——アート・オブ・ザ・トリオ3』のオリジナル曲「ソング‐ソング(Song-Song)」、そしてイギリスのシンガーソングライターだったニック・ドレイク(一九四八—七四)作の「リヴァーマン」を取り上げたい。鬱病を患ったドレイクは抗鬱剤の過剰摂取のため早世し、彼およびその音楽に対しては死亡後の一九八〇年代から徐々に注目されるようになったが、依然としてジャズ界では認知度がきわめて低かった。本盤でメルドーはドレイク、さらにイギリスのロックバンド、レディオヘッドのオリジナル曲も演奏していることが話題になり、演奏自体も選曲も若い世代のジャズミュージシャンに大きな刺激を与えたようだ。

もちろん、ジャズの「スタンダード」という曲群は、そもそもかつてのポピュラーソングだったのであり、一九六〇—七〇年代にはビートルズやスティーヴィー・ワンダーなどの曲を手掛けたジャズミュージシャンは決してめずらしくなかった。だが、メルドーが選んだのは、そうしたポップス界のスーパースターの有名な曲ではなく、多くのジャズファン(とくに彼より年配のリスナー)になじみのない曲だった故に注目を集めたわけだ。その意味では、メルドーのこのアルバムは、キース・ジャレットのスタンダーズトリオとは対極的な姿勢から成り立っているものの、メルドーはジャレットと同様に、即興演奏できれいなメロディを追求し創出することに全身全霊で挑むところに二人の共通点も見いだせる。

まず「ソング－ソング」を取り上げよう。ビル・エヴァンスのファンだったら、この曲名を見てエヴァンスのオリジナル曲「ピース・ピース（Peace Piece）」を連想させられるだろう。メロディもハーモニーも違うものの、両曲は絶えずゆったりしたテンポで進み、物静かなムードが漂っている。初期の頃、メルドーはしばしばエヴァンス（そしてジャレット）に喩えられたことが癪に障ったそうだ。彼は独自のサウンドをもっているから、その気持ちは理解できる。メルドーとエヴァンス、ジャレットには、白人のジャズピアニストであること以上の共通点が確かに見受けられる。まず、三人ともバラードで最も本領を発揮するように思える。加えて、タッチに対して細心の注意を払い、左手が発する音にも重点をおき、そして何よりも情緒豊かな美しいサウンドをピアノから引き出している。しかし、これらの要素は、バラードを得意とするハンク・ジョーンズやトミー・フラナガン、ハービー・ハンコックなども、同様に有しているといえるではないか。だからメルドーが、エヴァンスとジャレットにばかり喩えられることに反抗心を覚えても無理はないだろう。

さて、「ソング－ソング」はゆったりしたワルツのリズムになっている（ビートに合わせて均等に1-2-3と数えると明らかになる）。始めにラリー・グレナディアがメロディを弾いており、それに対してメルドーは鍵盤の中音域で単音とコードを交互に押さえている。一拍目に弾かれる単音は半音ずつ下がり（後で上がるが）、コードは二拍目に弾かれる。メロディの部分には、いわゆる「ジャズらしい」シンコペーションもなく、むしろロベルト・シューマンの音楽世界に近いように聴こえる(メルドーはドイツロマン派の作曲家達がとくに好きだそうだ)。

即興演奏は1:35から始まるが、まずメルドーのシンプルだが非常にスワリのよい即興メロディが印象的である。無駄な音がなく、まるで事前に作曲されたメロディに聴こえるほどよくまとまっている。また、音数が少ない分、メルドーは一音一音の弾き方に対して最大の注意を払いながら上記のタッチの諸要素を細かく使い分けている。右手の即興メロディがどうしても耳を捉えるが、左手の音にも注意すると、コードを弾くタイミングを微妙に変えていることに気づく。また、スペイン出身のドラマー、ホルヘ・ロッシの貢献も聴き逃せない。とくにブラシを使ってシンバル類から引き出す音は柔らかいながらも多彩であり、全体のサウンド作りに欠かせない要素である(とくに4:42–5:45)。

「リヴァーマン」もゆったりしたテンポと哀愁に満ちた美しいメロディから始まる。また、リズムは普通のジャズのバラードとは一線を画しており、いわゆる「ロックバラード」のリズムに近いと言えよう。ただし、即興演奏(2:08–3:30)に入ってからは、三人とも少しずつ音量を上げながら、ピアノもドラムも動きが活発になる。ロッシが複数のリズムを叩いており、メルドーは基本的に鍵盤の三つの層で演奏を展開している。すなわち、左手で主として単音とコードを交互に弾き(それだけでも二重奏に聴こえるときがある)、右手が中・高音域で単音の即興メロディを弾き、そしてたまに右手が鍵盤の高音域でコードをすっと挟むこともある。とくに左手のサウンドに耳を澄まして聴くと、それ自体が別のメロディを成していることに気づく。しかも、上記の単音とコードを交互に弾くだけでなく、左手で別のメロディを弾くときもある(2:40-2:44が一例)。

「ソング・ソング」もそうだが、「リヴァーマン」は普通のジャズ演奏とは趣が違う。その違いが最も現れるのは、「ジャズらしい」右手の鮮やかな、スワリのよい即興ライン(3:14-3:20)のときである。強いて言えば、その一〇秒にも満たない時間だけに、従来のジャズピアノのサウンドが現れると言うことができよう。だからこそ、このアルバムがメルドーの初期トリオ盤の中でもとくに注目を集め、後世の若手ピアニストに大きな刺激を与えたのだろう。

4　二〇〇〇年代・多様化の時代

ケニー・バロン『マイナー・ブルース』(二〇〇九)

ジョージ・ムラーツ(b)、ベン・ライリー(d)

現在活躍しているジャズピアニストで、ハンク・ジョーンズやトミー・フラナガンのごとく「渋い」プレイヤーを挙げるなら、ケニー・バロン(一九四三—)を筆頭に挙げなければならないだろう(次にビル・チャーラップを挙げたい)。本盤の場合、バロンのみならずチェコ出身のベーシスト、ジョージ・ムラーツもバロンの長年の共演者ベン・ライリーも、すこぶる渋い演奏を披露している。加えて、録音の音質が秀逸であるおかげで、トリオ全体のサウンドがいっそう生き生きと耳に迫ってくる(レコード会社は日本のヴィーナスである)。収録されている一〇曲のうち、どれを取り上げてもよいように思うのだが、以下、バロンのオリジナルであるタイトル曲、そしてスタンダード曲「ビューティフル・ラヴ」について軽く触れたい。

「マイナー・ブルース」は読んで字のごとくシンプルなマイナー調のブルースだが、即興演奏に入ったとたんに(0:47)、三人の控えめながらもスインギーな演奏が鳴り出す。始めにベースがそのままツービートのリズムを刻み続け、ドラムもブラシで控えめにバロンのソロを支え続ける。バロン自身は、〈間〉を適切に挟む短いフレーズと長めのフレーズを織り交ぜてから、二つのさらに長いフレーズを立て続けに弾いて(1:14–1:22; 1:23–1:27)、その直後にトミー・フラナガンを彷彿させる鮮やかなコード(1:29–1:32)でギアチェンジしたいと意思表示し、三人はフォービートに移行する。このトリオはビル・エヴァンスやキース・ジャレットのトリオのようにブロークンタイムを使うのではなく、従来の演奏の盛り上げ方——すなわち、スインギーなツービートからスインギーなフォービートへ——と、演奏を展開する。そして、フォービートに切り替えた瞬間に(1:36)ライリーがブラシをスティックに取り替え、全体の音量も一段と上がる。

バロンの即興演奏の運び方は基本的にトミー・フラナガンが築いた方法に近い。つまり、右手の単音旋律を中心に据えながら、ところどころに鮮やかなコードを挟むことによってサウンドに厚みとヴァラエティを加えることである(1:57–2:00; 2:18–2:24)。とは言え、フラナガンとは違い、バロンはたまにハーモニーを脱却して「アウトサイド」のフレーズを挟むこともある(2:14–2:16; 2:46–2:52)、また即興フレーズではフラナガンよりも鍵盤のやや低音域を使うことがある(2:10–2:14; 3:24–3:27)。ジョージ・ムラーツはベースソロ(3:38–4:48)での温かく豊潤なサウンドや、シンプルでありながらスワリがよい即興フレーズという点において、レッド・ミッチェルに近似しているように思える。

アルバムの二曲目「ビューティフル・ラヴ」はバロンのソロピアノのイントロから始まり、そこでの豊潤なコードヴォイシングが聴き処である。今度はメロディを弾き終えるとすぐにフォービートに切り替えるが、最初のコーラス(1:26–2:05)でライリーはブラシを使い続け、それからスティックに取り換えてシンバルを叩き始めるが、サウンドにスパイスを加えるようにハイハットの音もざっと挟む(2:24–2:25)。また長年共演してきたバロンの即興演奏にぴったりついていくばかりでなく、ピアノのリズムパターンをまるで予期したかのように、スネアドラムで同時に同じリズムを叩くところも聴き逃せない(2:29–2:30)。ビル・エヴァンスやチック・コリア、キース・ジャレットなどのトリオとは違うものの、このトリオも絶えず屈指のインタープレイを披露しており、二〇〇〇年代にも渋くかつスインギーなピアノトリオが健在であることを遺憾なく証明しているアルバムである。

チップ・スティーブンス『レレヴァンシー(Relevancy)』(二〇一三)

デニス・キャロル(b)、ジョエル・スペンサー(d)

ジャズミュージシャンには早世した人があまりにも多いため、ミュージシャンの伝記を読むと気が滅入ることがある。一九五〇—六〇年代には麻薬のために死亡したミュージシャンが大勢いたが、麻薬には一切手を出さなかったのに二〇代で交通事故のため他界した新星もいれば(クリフォード・ブラウン(tp)やスコット・ラファロ)、病気で亡くなった若手の有望株(ブッカー・リトル(tp))もいる。だからチップ・スティーブンス(一九六四—)のごとく、死の淵から奇跡的な回復を遂げたミュージシャンの存在を知るといっそううれしくなり、応援したくもなる。

よほどマニアックなジャズファンでない限り、スティーブンスの名前は知らないと思うが、アメリカにはほぼ無名ながらも実に上手いジャズミュージシャンが驚くほど多い。スティーブンスはウッディ・ハーマンやメイナード・ファーガソンなどのビッグバンドに在籍したことがあり、カーティス・フラー(tb)やチャールズ・マックファーソン(as)、アルトゥーロ・サンドヴァル(tp)などのアルバムにも参加しているが、依然として日米両国のジャズ界では知名度がきわめて低いようだ。何せ、彼は真っ平なトウモロコシ畑が延々と続く中西部の田舎に立地するイリノイ大学で、ジャズピアノとオルガンを教えることが本業である。ジャズがある程度盛んな都会で最も近い町は、二〇〇キロ以上離れているシカゴだ。

スティーブンスは二〇〇八年に恐ろしい交通事故に遭い、五日間も昏睡状態に陥り、頭蓋骨が二カ所も割れ、首も骨折、ピアノを弾くどころか、二度と歩くことも喋ることもできないのではないかと懸念されたが、二年後には本盤の元気あふれる演奏ができるほどの回復を遂げた(本盤は二〇一三年に発売されたが、録音は二〇一〇年に行われた)。以下、オリジナル曲「Cヒップス・ブルース」(曲名の“C Hip's Blues”は本人の名前“Chip”に引っかけている)と「ビー・マイ・ラヴ」を取り上げたい。

「Cヒップス・ブルース」はモダンジャズピアノ奏法やアプローチの集大成と言える。まず、メロディではロックハンド奏法(0:00-0:52)を中心に弾き、それから鍵盤の中・低音域でスラーを多めに盛り込んだブルース系の奏法を見せる(0:52-1:09)。次に右手の単音旋律で数秒間ハーモニーを離脱して「アウトサイド」で演奏を展開し(1:10-1:14; 1:19-1:24)、今度はユニゾン奏法で似たようなサウンドを打ち出す(1:28-1:33)。また、レニー・トリスタノのような長い即興旋律を弾くところもある(1:49-2:04)。いや、フレーズの長さと冒険的なハーモニーはトリスタノの斬新性を彷彿させるが、途中からスインギーなリズムに移行するところは、同じく長い即興旋律で知られるソニー・クラークのほうに近いだろう(クラークもトリスタノに注目していた時期がある)。また、「アウトサイド」のハーモニーが続くかと思いきや、今度は大きくブルージーなブロックコードを弾き(2:26–2:33)、それからフォービートに切り替え、演奏が一段と盛り上がる。フォービートの即興演奏においても様々な奏法を披露する——ファンキーなブロックコード(3:04–3:28)、ロックハンド奏法(3:31–3:52)、「アウトサイド」のハーモニーの右手の単音旋律(3:57–4:02)、マッコイ・タイナー風のモダンなブロックコード(5:15–5:24)、チック・コリアが好きそうな変わった奏法(5:25–5:30)など、一曲の中で実に幅広いサウンドを聴かせてくれる。このように書くと、スティーブンスのピアノスタイルはともすれば雑然としているような印象を与えかねないが、すべての影響を十分に消化した上で独自のスタイルに仕上げている。本曲に反映されるように、その根底にはスインギーなリズム、そして明るいながら意外にブルージーなサウンドが流れている。

スタンダード曲「ビー・マイ・ラヴ」のメロディは鮮やかなコードヴォイシングから始まり、即興演奏に入ってからしばらくブロークンタイム(0:52–1:46)に移行するが、エヴァンス・トリオのようにフォービートに切り替えるまでさほど長く待つ必要はない。また、スティーブンスのピアノサウンドにはビル・エヴァンスの影響が現れているようにも聴こえるが、彼のサウンドにはエヴァンスの内向性はなく、むしろ積極的な姿勢とスインギーなリズムが際立つ。本盤の中で、「ビー・マイ・ラヴ」はとくにスインギーな演奏だが、即興フレーズをつなげながら発展させる能力も聴き逃せない(2:31-2:55など)。また、稀にしか聴くことがない長いラインを繰り出すこともあり(1:58-2:05; 3:45-4:05; 4:33-4:41)、スピード感を披露するときもあるが(2:06-2:10; 4:42-4:45)、これらは多様な奏法を盛り込むことと同様に、演奏全体にメリハリを加えるために使われており、単に特技を見せびらかすために使われているようには聴こえない。

本盤を聴いて唯一残念に思うのは、共演者(とくにベーシスト)がスティーブンスのレベルに及んでいないことである。もし、スティーブンスが本章に登場しているような一流のベーシストやドラマーと共演していたら、さらにトリオ全体のサウンドに感動させられたに違いない。それでも、死の淵からの奇跡的な回復を遂げた後の初リーダー盤として、このアルバムはジャズ界にもっと知られてもよいように思う。

フロネシス『ウィー・アー・オール(We Are All)』(二〇一八)

ジャスパー・ホイビー(b)、アイヴォ・ニーム(p)、アントン・イーガー(d)

「フロネシス」は出身国の異なる三人のヨーロッパ人による新型ピアノトリオである。近年のヨーロッパのジャズ界では、このトリオが最も注目を集め、好評を得てきたバンドの一つのようだ。ロンドンを活動の拠点にしているが、ジャスパー・ホイビー（一九七七―）はデンマーク出身、アイヴォ・ニーム（一九八一―）はイギリス出身、そしてアントン・イーガー（一九八〇―）は父がノルウェー人、母がスウェーデン人であり、本人はルーマニア、ベネズエラ、ノルウェー、そしてスウェーデンで育ち、現在デンマーク在住である。

二〇〇五年にホイビーがフロネシスを結成したものの、始めからバンドリーダーはおらず、完全に民主主義的共同事業だと三人は強調する。また、オリジナル曲のみを演奏するようだが、コンサートでは必ず各自のオリジナルを演奏するように心がけているそうだ。あるインタビューで、ニームはフロネシスのそのような徹底した民主主義的姿勢は、従来のトリオを含めたジャズバンドとは根本的に違うと述べている。実際に、トリオのサウンド作りにおいて三人が同等の貢献をしているように聴こえ、きわめて活発なインタープレイを常に披露している。

本書で取り上げてきたピアノトリオ盤のうち、本盤『ウィー・アー・オール』が最も近似しているのは、チック・コリアの『ナウ・ヒー・シングス、ナウ・ヒー・ソブス』だろう。フロネシスのオリジナル曲もサウンドも全く独自のものではあるが、三人の活発なインタープレイと変幻自在の演奏姿勢は、コリア、ヴィトウス、そしてヘインズのトリオと共通しているように思える。それこそ、ニームはインタビューで好きなピアノトリオを尋ねられたとき、最初に挙げたのはコリアのヴィトウスとヘインズとのトリオである（次にラファロがいた時期のエヴァンス・トリオ、そしてジャレットのスタンダーズトリオを挙げた)。

積極的なインタープレイに加えて、フロネシスの特徴は次のようにまとめられると思う。
(1)オリジナル曲群の幅広いサウンドとムード。
(2)複雑かつ頻繁に変化するリズム。
(3)鋭い切れ味。
(4)各自の楽器から発される明瞭な音色(その点、ベースのホイビーのアルコ弾き〈弓使い〉は特筆すべき)。
(5)複数の音楽ジャンルの要素の導入(コリア達のようなポストバップ系のジャズがサウンドの中心だが、ニームはインタビューで、ハードロックやヨーロッパのフォークや民族音楽もサウンドに盛り込まれていると述べており、確かにそのように聴こえる曲がある)。
アルバムの一曲目であるホイビーのオリジナル「ワン・フォー・アス(One for Us)」はユーチューブで動画を観ながら聴くことができるが、これらの特徴が顕著に現れているので、以下に取り上げたい。

「ワン・フォー・アス」はニームのソロピアノが作り出す静寂なムードから始まり、それからホイビーが弓を使ってごく静かに加わってくる(0:11)。始めはその音があまりにも小さいためホイビーが入ってきたこと自体に気づかないが、弓でワンノートを伸ばして弾きながら徐々に音量を上げてくるとベースの音に気づかされる。そのようにダイナミクスを微妙に使い分けることによって、フロネシスはゆったりとした静寂なサウンドにも「ドラマ性」を加える。それこそ、フロネシスのもう一つの特徴は、ピアノトリオにしてはきわめて「ドラマチック」であるということが言えると思う。それはイーガーが演奏に入ってくる瞬間にこそ現れている(1:10)。そのサウンドはジャズのピアノトリオよりも、ハードロックのドラマーが使う奏法のように聴こえるが、実際にイーガーはロックバンドと一緒に大きなスタジアムで演奏することもあるそうだ。

その後、ホイビーが弓をおき、ピッツィカート奏法でグルーヴを打ち出し始めると、リズムとムードがまた変わる(1:50)。徐々にテンションを上げながら突然止まる瞬間もあり、その空白の瞬間もドラマチックな効果がある(3:30-3:31; 3:40-3:41)。

フロネシスは普通のピアノトリオのように交代でソロをとると言うより、ビル・エヴァンスが目指していたという「三人とも相手の音に反応しながら同時にソロをする」というアプローチを踏まえていると言えよう。本曲では、3:58-6:05でニームが右手の単音ラインを中心に使っているため、「ピアノソロ」と認識されるかもしれないが、ほかの二人はおとなしく「支える」と言うよりも積極的な共演が続いている。

演奏全体の中で、特筆すべき瞬間をあえて選ぶなら、5:11辺りからのニームの演奏で盛り上げてから5:45にハーモニーを突然変えてしまう瞬間である。リスナーにとって急に視界が開けてきたように感じられ、カーテンの隙間から爽やかな光が差してきたような感覚である。

6:09からはホイビーが一応ソロをとることになっているようだが、途中でアレンジされた部分に入ると、徐々にイーガーの素早く鋭いドラミングが耳を捉える。とくにドラムのリムを中心に使っているところが印象に残る(7:25-8:12)。

複数の部分で形成されるオリジナル曲をこまめに展開していくという意味では、フロネシスはジャズのピアノトリオよりも、イギリスのプログレッシブロックの先駆的バンドだった「イエス」を彷彿させるようにも感じられる。とは言え、現在活躍している世界のピアノトリオでは、フロネシスほどトリオ全体のサウンドがオリジナリティに富み、しかも綿密なインタープレイを展開しながら高い音楽性を披露するグループはさほど多くないだろう。

サリヴァン・フォートナー『モーメンツ・プリザーブド(Moments Preserved)』(二〇一八)

アミーン・サリーム(b)、ジェレミー・「ビーン」・クレモンズ(d)

二一世紀にデビューしたジャズミュージシャンには実に上手い人が多く、独自のサウンドを築いている人も意外にたくさんいる。だが、少なくとも筆者の経験では、近年の若手ミュージシャンのテクニックや演奏の上手さに感心させられることはあっても、音そのものに心を打たれることはあまりない。ましてや初めて聴いたときに興奮まで覚えることはさらに稀である。幸い、例外もある。その中で、以下取り上げるサリヴァン・フォートナー——そして、本章の最後に触れるジョーイ・アレキサンダー——は、特筆すべきピアニストだと思う。二人とも早くから並々ならぬ才能と独創性を披露し、しかも、若いながらも音楽の〈深さ〉を改めて感じさせてくれることがある。

フォートナーは一九八六年にニューオーリンズで生まれた。オビリン音楽院で学士号、マンハッタン音楽院で修士号を取得した秀才であり、バリー・ハリス、ジェイソン・モラン、そしてフレッド・ハーシュという異なるタイプのジャズピアニストから個人レッスンを受けた経験もある。そのように書くと、読者は「彼がよく勉強したことはわかるが、自分のスタイルをちゃんともっているのか」という疑問を抱くかもしれない。だが、フォートナーのピアノサウンドを聴くと、最初に耳を打つのは、オリジナリティに満ちた全く独自のサウンドである。

フォートナーはロイ・ハーグローヴ(tp)やセシル・マクロリン・サルヴァント(voc)のバンドで経験を積み、ほかのミュージシャンのアルバムにも参加しているが、三一歳のときに録音された本盤は、リーダーとしてはわずか二枚目のアルバムである。早くから秀才と認められてきた若手ミュージシャンにしては、やや遅い発表だと言える。また、本盤ではロイ・ハーグローヴがセロニアス・モンクのメドレーと知る人ぞ知るピアニスト、エルモ・ホープのオリジナル曲で共演しているものの、残りの一〇曲はピアノトリオであり、フォートナーの初めてのトリオ盤でもある。

フォートナーのオリジナルも四曲収録されているが、自作であろうと他者の曲であろうと、彼は常に独自のサウンドを展開する。そのサウンドの原点は次の三つの特徴から成り立っている。

(一)繊細な柔らかいタッチ。
(二)独創的かつ豊潤なハーモニー(独自のコードヴォイシングや代理コード進行など)。
(三)驚くほど両手を個別に使い分ける独特な奏法。

以下、『モーメンツ・プリザーブド』の二曲を対象に、フォートナーの特徴的なサウンドを探ってみよう。

アルバムの一曲目は、これまでジャズミュージシャンには演奏されたことはないと思われる。すなわち、“Wheel of Fortune”というテレビのゲーム番組のテーマソングである(本盤では「チエンジング・キーズ」という曲名になっている)。当時のアメリカに住んだ経験がない限り、本書の読者にはなじみのないメロディのはずだから、フォートナーの演奏を聴いてから、ユーチューブで"Wheel of Fortune——Theme 1989–1992"と検索して聴くようにお勧めする。この番組は一九七五年から現在まで続いており、時期によってテーマソングが変わったが、フォートナーはインタビューで、自分が四歳の頃、おもちゃのキーボードで遊びながら、テレビから流れてくるメロディを真似しようとしていたと振り返り、その経験がこの異色の選曲の由来だったと言う。

しかし、選曲以上に、フォートナーの鮮やかなアレンジメントと新鮮なサウンドこそが驚きである。まず、両手を活発かつ個別に動かしながら、左手で単音によるカウンターメロディを挟み(2:15–2:17; 2:30–2:33; 4:26–4:38)、また、二、三の音によるコードをもってカウンターメロディをさらに加えているところもある(メロディでは多用している奏法だが、0:45–0:51が一例)。しかも、そのコードヴォイシング自体が輝かしい(1:51–1:55; 3:46–4:26)。一つの演奏の中で複数のメロディとハーモニーが同時に鳴っているうえに、リズムも重層的という意味で、フォートナー特有のサウンドは確かに複雑である。ただし、決して「頭でっかち」には聴こえない。むしろ、遊び心に満ちたそのサウンドは常に生き生きとしており、リスナーを素直に楽しませてくれるものである。

ほかにも印象に残る演奏はいくつもある。溌溂とした一曲目「チェンジング・キーズ」だけしか耳にしていないリスナーは意外に思うだろうが、彼はゆったりしたバラードも得意としており、とりわけ若手のジャズピアニストの中では、彼のバラードプレイは特筆すべきものである。超スローテンポの演奏でありながらハーモニーをあらぬ方向に発展させる、デューク・エリントンの「イン・ア・センチメンタル・ムード」も必聴だが、ここではフォートナーの高校の音楽の先生に捧げたオリジナルバラード「エレジー・フォー・クライド・ケールJr.(Elegy for Clyde Kerr Jr.)」を取り上げたい。

最初の一分余りはソロピアノ演奏である。始まってからすぐに鍵盤の最低音域で弾かれるコードヴォイシングが耳にとまる(0:09–0:13)。深みのあるそのサウンドを鳴らしてから、今度は鍵盤の高音域で煌びやかなコードを弾き(0:14–0:20)、ところどころに左手で得意のカウンターメロディを挟むこともある(0:20–0:23; 0:26–0:28など)。ベースとドラムが加わってからは、メロディの輪郭がよりはっきりと現れ、リズムも定着する。とは言え、ゆったりしたテンポでありながらもリズムが変化に富んでおり、その点、ドラマーのジェレミー・クレモンズの渋く、創造性豊かなブラシワークが大きく貢献している。しかし、何よりもフォートナーの幅広い、独創的なサウンドが光っている演奏である。クラシック音楽のピアノ奏法も勉強したことは、繊細なタッチ、そして両手を個別に使う弾き方(2:18–2:28など)に反映されているが、音全体はあくまでもフォートナー独自のものである。サリヴァン・フォートナーは技能も想像力も限界をほとんど感じさせない。ジャズの未来に対して期待感を与えてくれるミュージシャンである。

5 近年の「ジャズ神童」について

本書の最後に、近年増えてきた「ジャズ神童」について多少の考察を述べながら、ジャズ界に現れた二人の対照的な神童ピアニストを見ていきたい。

エルダー・ジャンギロフ

音楽で「神童」と呼ばれる少年少女にはだいたい二通りあるようだ。一つは超絶技巧をもって大人のリスナーを驚愕させるタイプ。クラシック界ではこのタイプが多い——小さい頃から楽器を習い始め、長時間を練習に費やし、子供には弾けるはずもない難曲を楽そうに弾きこなし、世の中の注目を浴びる。音楽の神童に対する限られた学術研究は、ほとんどこのタイプを対象にしているようだ。ジャズ界では、そうしたタイプの神童は比較的めずらしいが、旧ソ連のキルギス出身のエルダー・ジャンギロフ(一九八七—)は顕著な例外だと言える。

ローマ字表記の名前は"Eldar Djangirov"だが、苗字が覚えにくいため、普通は"Eldar"とだけ呼ばれている。彼は三歳でピアノを弾き始め（最初に弾いた曲は「Cジャム・ブルース」だと本人は記憶しているそうだ）、五歳から、大学でクラシックピアノの教師を務める母に習い始めたのと同時にジャズ好きの父親のレコードを聴き、ジャズも独学で弾くようになったそうだ。九歳のとき、シベリアのジャズフェスでピアノを弾いていたジャンギロフを、たまたまその場に居合わせたニューヨークの熱烈なジャズファンが「発見」し、彼の後援で翌年一家はアメリカのカンザスシティに移住することができた。二年後、つまりジャンギロフが一二歳のとき、全国的な人気ラジオ番組「ピアノジャズ」に出演したのをきっかけに一気に知名度が上がり、神童にありがちな「ものめずらしがる」取材を次々と受けることになった。

ちなみに、このラジオ番組のホストはイギリス出身のジャズピアニスト、マリアン・マックパートランドであり、毎週著名なジャズピアニストをスタジオに招き、約一時間にわたりプロ同士のいわゆる「ジャズピアノ談義」を行った。さらに、ゲストにソロピアノを弾いてもらい、ホストとの即興のピアノデュオで共演し、そして弾いたばかりの即興演奏について自由自在に語り合うという、非常に充実した内容の番組だった。ゲストにはオスカー・ピーターソン、ハンク・ジョーンズ、トミー・フラナガン、ビル・エヴァンス、セシル・テイラー、マッコイ・タイナー、ハービー・ハンコック、チック・コリアなど、第一線で活躍するピアニスト達が含まれていたが、その錚々たる面子が出演した番組に一二歳のジャンギロフも招かれたわけだ。

実は、彼が「ピアノジャズ」に出演したとき、筆者はたまたまリアルタイムで聴いていたが、その衝撃は今も鮮烈に覚えている。と言うのは、アメリカに住んでいたその頃、運転中にラジオをつけると、まだ声変わりもしていない男の子が「……そして、オスカー・ピーターソンが作った練習曲も……」と話した後に、ユニゾン奏法でまさしくピーターソン並みの超人的なスピードの旋律が車のラジオから飛んできた。子供のあどけない声とあの超速の音とのギャップに愕然としたあまり、車を停めたくなった。当時の番組出演の録音全体は、今ではなかなか聴けないようだが、幸い、アメリカのあるローカルラジオ放送局のHPに、上記の瞬間(たった一分あまりだが)が保存されており、今も聴けるばかりでなく、出演当時のエルダー坊やのかわいい写真もサイトに掲載されているので、注でリンクを記しておく。*

その後、ジャンギロフはレコードを何枚か出したが、一〇代のアルバムとしては『エルダー』と『ライブ・アット・ザ・ブルーノート』がかなり好評を得た。『エルダー』ではボビー・ティモンズ作曲「モーニン」、『ライブ・アット・ザ・ブルーノート』では同じくティモンズの「ダット・デア」を聴けば、当時のジャンギロフの(オスカー・ピーターソンに大きく影響された)スタイルがおおよそ把握できると思う。

だが、ジャンギロフのように超絶技巧を披露するピアニストの場合、手の動きもぜひ観たいではないか。だから、以下、彼のアルバムの代わりに本人のHP(https://eldarmusic.com/)に上げてある動画を対象にして、ジャンギロフのピアノスタイルについて軽く触れたい。二〇二三年一一月現在、そのHPには一六本の動画が掲載されており、中にはアート・テイタムの自宅においてあった愛用のピアノをジャンギロフが弾いているものも含まれる。一週間だけテイタム自身のピアノを使わせてもらえることになったので、ジャンギロフはテイタムがアレンジした(恐ろしいスピードで弾かれる)難関曲「タイガー・ラグ」をたった一週間で覚え、テイタムの録音と(ほぼ)同じように弾いている。もちろん、テイタムはある程度即興で弾いていたはずであり、独特の指の動きに加え目がほとんど見えなかったので、テイタム本人には誰もかなわないように思うのだが、この曲を弾くテイタムの動画がないだけに、どれほど手が飛び回るのかを把握するためだけでも、一度観る価値があると思う。

ジャンギロフのHPには様々なピアノトリオの動画もアップされているが、その中でビバップの難曲「ドナ・リー」の演奏について触れたい。ニューヨークの「ブルーノート」をはじめ、有名なジャズクラブやジャズフェスでの演奏経験があるのに、この動画から確認できるように、彼は意外にマイナーな、言ってみれば「侘しい」場所で演奏しなければならない羽目になっているようである。アメリカでジャズミュージシャンとして生計を立てることの難しさが窺える動画でもある。

演奏はソロピアノから始まり、スピード感とソロピアノへのアプローチはどうしてもオスカー・ピーターソンを彷彿させるが、ピーターソン自身はこの曲をほとんど演奏していないようだ（彼のリーダーアルバムに収録されている演奏はあるが、それはギターのジョー・パスとベースのニールス＝ヘニング・エルステッド・ペデルセンによるデュオである）。ジャンギロフは始めに左手でベースラインを弾き（「ウォーキングベース奏法」、動画の0:37–1:26）、それから一九二〇―三〇年代のストライドピアノを踏まえた奏法に移行するが（1:27–1:43）、彼はピーターソンやフィニアス・ニューボーンJr.などと同様に、左手を右手とほぼ同等に使えることが十分に窺える。とは言え、従来のそれらの奏法とは違い、「ブロークンタイム」で弾いている箇所もあるので、「古い」奏法にモダンな感覚を加えていると言えよう。さらに、両手を個別に使い分ける対位法奏法も登場するところがある（1:56–2:04）。

ベースとドラムが入り、速いテンポでメロディを弾いてから、今度はジャンギロフが即興演奏を展開するが、始めは左手を使わず右手だけによる単音旋律を繰り出す（2:43–3:11）。ピアノの単音はサックスやトランペットに比べてどうしても存在感が薄いが、左手をしばらく使わない効果として管楽器のピアノレストリオを多少彷彿させ、再び左手が入ってくると音が急に広がって演奏全体が盛り上がるという効果もある。トリオでの演奏においては、さらに（オスカー・ピーターソンとは違い）マッコイ・タイナーやチック・コリアなどのようなハーモニーをところどころに挟み（3:24–3:29; 3:44–3:48; 5:57–6:04）、卓越したテクニック――スピード感のみならず、タッチによる音色のコントロールも——が絶えず際立つ。

ところで、この動画を観て一番印象に残るのは、演奏そのものと言うよりその会場に集まっている聴衆の無関心な表情である。会場は一九六〇年代の有名な野外ロックフェスで知られるウッドストック町にあるが、言ってみればニューヨーク州の山の中の、人口のたった六千人余りの町であり、ジャズファンはごく少ないと考えてよいだろう。普通は、ジャンギロフのごとく超絶技巧を披露するピアニストを目の当たりにしたら、ピアノソロが終わった瞬間に拍手や掛け声——少なくともちょっとした身体の動き——が起こるものだが、この聴衆はほとんど不動かつ無表情のままである(3:57)。いくらジャズ音楽を聴き慣れていないにせよ、そうした(無)反応ぶりを目の当たりにさせられながら演奏するジャンギロフがかわいそうに感じられてしまう。確かに演奏が終わってからは拍手が湧くが、あれだけの才能をもっているミュージシャンが、あれほど生ぬるい聴衆を相手に演奏すべきではないように思う。演奏自体のおもしろみはさておき、この動画を観た後、「大人になった神童」の苦難を一瞬垣間見た気がし、切ない思いが残る。

ジョーイ・アレキサンダー

一見、ジョーイ・アレキサンダー(Joey Alexander, 二〇〇三—)はエルダー・ジャンギロフと似たような背景から現れたように映る。インドネシアのバリ島出身のアレキサンダーはジャズとはほぼ無縁の土地で生まれ、ジャズ好きの父親のレコードコレクションを聴きながら育ち、八、九歳の頃にアメリカ人のジャズ関係者に「発見」され、そのあまりの才能を活かすべく、家族と一緒に一〇歳頃にアメリカに移住し、それから「神童のジャズピアニスト」としてしばらくちやほやされることになった。だが、二人の違いも見逃せない。ジャンギロフは(母とは言え)大学でピアノを教えるくらいの先生に習ったのに、アレキサンダーはほとんど独学で楽器を覚えたのみならず、始めは本物のピアノが家になく、父親が買ってきた小さな電子キーボードを弾いていたそうだ。また、ジャンギロフが早くから超絶技巧を身につけた、いわば「クラシック界」タイプの神童だとしたら、アレキサンダーはさらにめずらしいタイプだと言える。彼と共演してきた数々の一流プロのジャズミュージシャンが異口同音に語るのは、アレキサンダーはこれまでに現れたジャズミュージシャンの中で、類例のない才能をもっている、ということである。それは、ジャンギロフのごとく驚異的なテクニックとして現れるのではなく、驚くほど洗練された、創造性豊かなハーモニー感覚に現れている。加えて、彼のあふれる創造力とともに旺盛な好奇心と冒険心も見逃せない。ブラッド・メルドー・トリオの長年のベーシスト、ラリー・グレナディアはアレキサンダーのレコードに参加するように依頼されたときの心境を次のように語っている。

「かなり警戒していた。私の経験では、こういう神童というのは西洋風の分析的方法で技能を蓄積することが普通。しかし、ジョーイの場合、もっと直感的、共同的アプローチで音楽に接している。それを見ていると、本当に素晴らしいと思う」

また、アレキサンダーと録音してきたドラマー、ユリシス・オーウェンスJr.のインタビュー記事に、アレキサンダーと共演したときの感想が載っている。

「演奏中、彼を見ていると、たまに目をつぶって頭を振り動かすことがある。彼がどこかへ「運ばれていく」ときにするんだけど、それを見てこの子は本当に信じられないと思った」、とオーウェンスは笑いながら思い出す。「小さな子供なのに、いろいろなハーモニーやメロディの冒険に乗り出しているし、本当に格好いいこともやる。彼は、もう遠くに行っている感じで、違う次元にいるようだ。俺は思ったけれど、これは本当に神からの贈り物みたいなものだ。この子は違う惑星から来たみたいだ」

そもそも八歳のアレキサンダーをインドネシア訪問中に「発見」したのはほかならぬハービ

ー・ハンコックであり、さらにウィントン・マルサリスもアレキサンダーの異才に感激し、彼のアメリカ移住に力を貸したようだ。ハンコックもマルサリスも「神童」だったとは言えないにせよ(二人にはその自覚がないようだ)、彼らも一〇代から並々ならぬ才能を現していただけに、アレキサンダーを安易にちやほやするメディアよりも彼らの見解を重視すべきだと思う。そして、マルサリスはジャズ史上、アレキサンダーのような才能は全く類例がなく、なぜそこまでの音楽ができるようになったかも説明不可能だと言う。

さて、前置きが長くなったので、肝心の演奏について触れよう。アレキサンダーがわずか一一歳のときに録音したデビュー盤『マイ・フェイヴァリット・シングス』の一曲目「ジャイアント・ステップス」を取り上げたい(演奏全体が一〇分以上と、アルバムの中で最も長い)。二分に及ぶ繊細かつ創造性豊かなソロピアノのイントロを聴くだけで、アレキサンダーが神童の中でも異例の部類に入ることがわかると思う。何せ、これは練習を繰り返しながら覚えた難曲ではなく、即興演奏であり、しかもこのイントロに反映される創造力は多くのプロのジャズピアニストをはるかに上回っていると断言してよいと思う。

ここで強調したいのは、アレキサンダーの場合、ピアノのテクニックは特筆すべきものではなく、ハーモニーと創造力——それに子供らしい遊び心と冒険心——が光っている、ということである。何よりも彼のハーモニー感覚が際立つ。たとえば、トリオでメロディを弾き終わってから、またピアノソロでこの曲特有の複雑なコード進行をゆっくりと様々な角度から模索し始める(2:29–4:08)。途中で全く別のハーモニーの世界を探り、ときにはフリージャズに進むのではないかと思うほど自由自在の演奏ぶりである。左手も積極的に駆使し(6:04–6:08; 6:57–7:01)、自分のソロが終わりベースソロのバッキングにおいても、邪魔にならない程度に、創造的なサウンドを模索している(7:06–7:15; 7:28–7:32)。ドラムと短いソロを交換するときも彼の創造力は変わらない(9:16–9:22)。

結局、この演奏を「子供にしては」と前置きして評価することは失礼だと思う。だが、依然として録音当時アレキサンダーはまだ一一歳であり、身体も手も小さい(当時、頭だけがやたらと大きかった)。要するに、当時はまだ身体的な限界があったが、その後レコードを発表するたびに、いろいろな側面でめきめき成長を遂げていることが窺える。

子供の頃に自らも「神童」と呼ばれていたヴィブラフォンの名手ゲイリー・バートンは、次のような感想を述べた。

「私の経験では、神童の八—九割は将来において成功しない。思春期から成人に変わっていく過程で何かが起こるらしい。ある人はそのまま止まってしまい、先に進まなくなる。小さい頃から特別な才能をもっている子を見ると、心の中でその子がうまくいくように祈るばかりである」

アレキサンダーは二〇二三年一一月現在二〇歳であり、作曲にも精を出しており、ピアノのテクニックもずいぶん身につき、演奏内容も変わりつつある。彼自身のためにも、今後のジャズ界のためにも、そのまま色あせることなく邁進してほしいと心から願う。

＊　ラジオ番組「ピアノジャズ」出演当時のジャンギロフの写真は次のサイトに掲載されている——
https://www.southcarolinapublicradio.org/the-arts/2018-05-29/marian-mcpartland-and-eldar-djangirov
残念ながら彼が一二歳のときの出演の録音はＮＰＲ（National Public Radio という半官半民のラジオ放送局）のサイトに保存されていないが、一八歳のときの録音と一〇〇人以上のミュージシャン（後年にはピアニスト以外も招かれた）の出演時の録音が保存されているから、そのリンクをついでに記そう
——https://www.npr.org/series/15773266/marian-mcpartland-s-piano-jazz

あとがき

本書は二巻に及ぶ前著『ジャズピアノ――その歴史から聴き方まで』(岩波書店、二〇二三年)を書き終えて、一週間も経たないうちに着手した。執筆に対する情熱が冷めず、勢いが衰えないうちに書かねばばと、痛感していたわけだ。

この新書版では、前著で触れられなかったピアニストを少しでも多く登場させたいという願望がある一方、ジャズにあまりなじみがない読者にも手に取りやすい内容にまとめたかった。後者の目的が達せられたかどうかは読者の皆さんのご判断に委ねるほかないが、本書を読んでくださった方々がモダンジャズのピアノトリオの魅力を少しでも実感できるようになったならば、著者としてこれ以上の歓びはない。

これまでに何度も言及したように、世の中にはすばらしいジャズピアニストが無数におり、ピアノトリオのアルバムも多種多様である。一人ひとりに対してごく短い記述を列記するようなカタログ本でもない限り、その大半にも触れることは不可能であり、それでは肝心な〈音〉について十分に語れないだろう。そこで、本書では一九五〇―六〇年代に活躍したアメリカ人のいわゆる「主流派」ピアニストが率いるトリオに重点をおき、各種のフュージョン、ラテンジャズなどを基本的に視野外とした。主流派の聴き方のコツが身に付けば、あとは応用で楽しめる、と考えたからである。改めてご了承いただきたい。

それでも、ハービー・ニコルスやエルモ・ホープ、ディック・ツワージクやクレア・フィッシャーなど、「知る人ぞ知るピアニスト達」の異色のトリオサウンドも紹介したかった。実際にそのような章を途中まで書き進めていたものの、紙幅に余裕がなかったために諦めてしまった。残念には感じるが、将来、そのような本にも挑戦するかもしれない(ただし、どうしてもマニアックな内容になるので、はたして実現できるかどうか怪しいが……)。

さて、本書を書き上げるまでにいろいろな方々や組織に助力をいただいたので、ここでお礼を申し上げたい。帯には中平穂積氏の貴重な写真をお借りし、東京キララ社の皆様にご協力いただいた。早稲田大学からは必要な資料の一部を収集するための研究費もいただき、日本学術振興会より三年間に及ぶ研究助成もいただいた(「科研費」の基盤研究C、課題番号20K00160)。

前著に続き、本書の諸作業でも担当してくださった岩波書店の清水御狩氏にお礼を申し上げたい。また、校閲の段階で文体をさらに磨いてくださった田邉育代氏にも心から感謝している。私は日本語の「ネイティヴライター」ではないため、どうしても編集者および校閲担当の方々に余分な手間をおかけするが、お二人の助力のおかげで本書の文体は何とか「読める」段階に至ったと思う。また、本書の内容は、出版社としての岩波書店のイメージとは一線を画しているように思えるが、それにもかかわらずこのような本を刊行してくださったことに対しても感謝の意を表したい。

最後に私事で恐縮だが、本書が刊行される二〇二四年三月をもって、長い年月勤めた大学教員に終止符を打つことにした。二〇代――つまり、大学教員になるための勉強に乗り出す前は――恥知らずにも人前で下手なジャズピアノを弾いていた。その後、日本文化研究を中心に、浅く広く様々な課題について本を発表し続けてきたが、いわば「大学人」としての最後の出版物が、出身地アメリカのジャズピアノ界についての書になったことは、妙に感慨深く思われる。「一周して元に戻った」と言えば大げさだが、本書および前著の内容は、著者の私自身にとって原点に近いようにも感じられ、僭越ながらふさわしい締めくくり方になったように思う。

とは言え、「終わり」は次の「始まり」にすぎない。さて、今度は何を手掛けようかな……。

二〇二三年一二月

マイク・モラスキー

岩波新書より

金沢を歩く　山出　保
ドキュメント 豪雨災害　稲泉　連
ひとり親家庭　赤石千衣子
女のからだ フェミニズム以後　荻野美穂
〈老いがい〉の時代◆　天野正子
子どもの貧困 Ⅱ　阿部　彩
性 と 法 律　角田由紀子
ヘイト・スピーチとは何か◆　師岡康子
生活保護から考える◆　稲葉　剛
かつお節と日本人　宮内泰介　藤林　泰
家事労働ハラスメント　竹信三恵子
福島原発事故 県民健康管理調査の闇◆　日野行介
電気料金はなぜ上がるのか◆　朝日新聞経済部
おとなが育つ条件　柏木惠子
在日外国人〔第三版〕　田中　宏
まち再生の術語集　延藤安弘
震災日録 記憶を記録する◆　森まゆみ
原発をつくらせない人びと　山秋　真

社会人の生き方◆　暉峻淑子
構造災 科学技術社会に潜む危機　松本三和夫
家族という意志◆　芹沢俊介
ルポ 良心と義務　田中伸尚
夢よりも深い覚醒へ◆　大澤真幸
3・11 複合被災◆　外岡秀俊
子どもの声を社会へ　桜井智恵子
就職とは何か◆　森岡孝二
日本のデザイン　原　研哉
ポジティヴ・アクション　辻村みよ子
脱原子力社会へ◆　長谷川公一
希望は絶望のど真ん中に　むのたけじ
アスベスト 広がる被害　大島秀利
原発を終わらせる　石橋克彦編
日本の食糧が危ない　中村靖彦
希望のつくり方　玄田有史
生き方の不平等◆　白波瀬佐和子
同性愛と異性愛　風間　孝　河口和也
新しい労働社会　濱口桂一郎

世代間連帯　上野千鶴子　辻元清美
道路をどうするか　五十嵐敬喜　小川明雄
子どもの貧困　阿部　彩
子どもへの性的虐待◆　森田ゆり
テレワーク 「未来型労働」の現実　佐藤彰男
反 貧 困　湯浅　誠
不可能性の時代　大澤真幸
地 域 の 力　大江正章
少子社会日本　山田昌弘
親米と反米　吉見俊哉
「悩み」の正体　香山リカ
変えてゆく勇気◆　上川あや
戦争で死ぬ、ということ　島本慈子
ルポ 改憲潮流　斎藤貴男
社会学入門　見田宗介
冠婚葬祭のひみつ　斎藤美奈子
少年事件に取り組む　藤原正範
悪役レスラーは笑う◆　森　達也
いまどきの「常識」◆　香山リカ

岩波新書より

認知症フレンドリー社会　徳田雄人
アナキズム 一丸となってバラバラに生きろ　栗原康
まちづくり都市 金沢　山出保
総介護社会　小竹雅子
賢い患者　山口育子
住まいで「老活」　安楽玲子
現代社会はどこに向かうか　見田宗介
EVと自動運転 クルマをどう変えるか　鶴原吉郎
ルポ 保育格差◆　小林美希
棋士とAI　王銘琬
科学者と軍事研究　池内了
原子力規制委員会　新藤宗幸
東電原発裁判　添田孝史
日本問答　田中優子・松岡正剛
日本の無戸籍者　井戸まさえ
〈ひとり死〉時代のお葬式とお墓　小谷みどり
町を住みこなす　大月敏雄

歩く、見る、聞く 人びとの自然再生　宮内泰介
対話する社会へ　暉峻淑子
悩みいろいろ　金子勝
魚と日本人 食と職の経済学　濱田武士
ルポ 貧困女子　飯島裕子
鳥獣害 動物たちと、どう向きあうか　祖田修
科学者と戦争　池内了
新しい幸福論　橘木俊詔
ブラックバイト 学生が危ない　今野晴貴
原発プロパガンダ　本間龍
ルポ 母子避難　吉田千亜
日本にとって沖縄とは何か　新崎盛暉
日本病 長期衰退のダイナミクス◆　金子勝・児玉龍彦
雇用身分社会　森岡孝二
生命保険とのつき合い方◆　出口治明
ルポ にっぽんのごみ　杉本裕明
鈴木さんにも分かるネットの未来　川上量生

地域に希望あり◆　大江正章
世論調査とは何だろうか◆　岩本裕
フォト・ストーリー 沖縄の70年　石川文洋
ルポ 保育崩壊　小林美希
多数決を疑う 社会的選択理論とは何か　坂井豊貴
アホウドリを追った日本人　平岡昭利
朝鮮と日本に生きる　金時鐘
被災弱者　岡田広行
農山村は消滅しない　小田切徳美
復興〈災害〉　塩崎賢明
「働くこと」を問い直す　山崎憲
原発と大津波 警告を葬った人々　添田孝史
縮小都市の挑戦　矢作弘
福島原発事故 被災者支援政策の欺瞞　日野行介
日本の年金◆　駒村康平
食と農でつなぐ 福島から◆　塩谷弘康・岩崎由美子
過労自殺〔第二版〕◆　川人博

岩波新書より

随筆

高橋源一郎の飛ぶ教室	高橋源一郎
江戸漢詩の情景	揖斐　高
読書会という幸福	向井和美
俳句と人間	長谷川　櫂
知的文章術入門	黒木登志夫
人生の1冊の絵本	柳田邦男
レバノンから来た能楽師の妻	梅若マドレーヌ 竹内要江 訳
二度読んだ本を三度読む	柳　広司
原民喜　死と愛と孤独の肖像	梯　久美子
声優　声の職人	森川智之
生と死のことば　中国の名言を読む	川合康三
正岡子規　人生のことば	復本一郎
作家的覚書	高村　薫
落語と歩く	田中　敦
文庫解説ワンダーランド	斎藤美奈子
俳句世がたり	小沢信男
日本の一文 30選	中村　明
ナグネ　中国朝鮮族の友と日本	最相葉月
子どもと本	松岡享子
医学探偵の歴史事件簿 ファイル2	小長谷正明
里の時間◆	芥川　仁 阿部直美
閉じる幸せ	残間里江子
女の一生	伊藤比呂美
仕事道楽 新版　スタジオジブリの現場	鈴木敏夫
医学探偵の歴史事件簿◆	小長谷正明
もっと面白い本	成毛　眞
99歳一日一言◆	むのたけじ
土と生きる　循環農場から◆	小泉英政
なつかしい時間	長田　弘
ラジオのこちら側で◆	ピーター・バラカン
面白い本	成毛　眞
百年の手紙	梯　久美子
本へのとびら	宮崎　駿
ぼんやりの時間◆	辰濃和男
思い出袋◆	鶴見俊輔
活字たんけん隊	椎名　誠
道楽三昧	小沢昭一 神崎宣武 聞き手
文章のみがき方	辰濃和男
悪あがきのすすめ	辛　淑玉
水の道具誌	山口昌伴
スローライフ	筑紫哲也
森の紳士録◆	池内　紀
沖縄生活誌◆	高良　勉
シナリオ人生◆	新藤兼人
怒りの方法◆	辛　淑玉
伝言	永　六輔
四国遍路◆	辰濃和男
嫁と姑	永　六輔
親と子	永　六輔
夫と妻	永　六輔
愛すべき名歌たち	阿久　悠
活字博物誌	椎名　誠

(2023.7)　◆は品切，電子書籍版あり．(Q1)

岩波新書新赤版一〇〇〇点に際して

ひとつの時代が終わったと言われて久しい。だが、その先にいかなる時代を展望するのか、私たちはその輪郭すら描きえていない。二〇世紀から持ち越した課題の多くは、未だ解決の緒を見つけることのできないままであり、二一世紀が新たに招きよせた問題も少なくない。グローバル資本主義の浸透、憎悪の連鎖、暴力の応酬――世界は混沌として深い不安の只中にある。

現代社会においては変化が常態となり、速さと新しさに絶対的な価値が与えられた。消費社会の深化と情報技術の革命は、種々の境界を無くし、人々の生活やコミュニケーションの様式を根底から変容させてきた。ライフスタイルは多様化し、一面では個人の生き方をそれぞれが選びとる時代が始まっている。同時に、新たな格差が生まれ、様々な次元での亀裂や分断が深まっている。社会や歴史に対する意識が揺らぎ、普遍的な理念に対する根本的な懐疑や、現実を変えることへの無力感がひそかに根を張りつつある。そして生きることに誰もが困難を覚える時代が到来している。

しかし、日常生活のそれぞれの場で、自由と民主主義を獲得し実践することを通じて、私たち自身がそうした閉塞を乗り超え、希望の時代の幕開けを告げてゆくことは不可能ではあるまい。そのために、いま求められていること――それは、個と個の間で開かれた対話を積み重ねながら、人間らしく生きることの条件について一人ひとりが粘り強く思考することではないか。その営みの糧となるものが、教養に外ならないと私たちは考える。歴史とは何か、よく生きるとはいかなることか、世界そして人間はどこへ向かうべきなのか――こうした根源的な問いとの格闘が、文化と知の厚みを作り出し、個人と社会を支える基盤としての教養となった。まさにそのような教養への道案内こそ、岩波新書が創刊以来、追求してきたことである。

岩波新書は、日中戦争下の一九三八年一一月に赤版として創刊された。創刊の辞は、道義の精神に則らない日本の行動を憂慮し、批判的精神と良心的行動の欠如を戒めつつ、現代人の現代的教養を刊行の目的とする、と謳っている。以後、青版、黄版、新赤版と装いを改めながら、合計二五〇〇点余りを世に問うてきた。そして、いままた新赤版が一〇〇〇点を迎えたのを機に、人間の理性と良心への信頼を再確認し、それに裏打ちされた文化を培っていく決意を込めて、新しい装丁のもとに再出発したいと思う。一冊一冊から吹き出す新風が一人でも多くの読者の許に届くこと、そして希望ある時代への想像力を豊かにかき立てることを切に願う。

（二〇〇六年四月）

マイク・モラスキー(Michael Molasky)

1956年，アメリカ・セントルイス生まれ．シカゴ大学大学院東アジア言語文明研究科博士課程修了．2024年3月まで早稲田大学国際教養学部教授．戦後日本文学および文化史，ジャズ史，日本の飲食文化などを研究．ピアニストとして日本のジャズクラブに出演した経験もある．
主な著書に，『ジャズピアノ ── その歴史から聴き方まで』(上下，芸術選奨文部科学大臣賞，岩波書店)，『戦後日本のジャズ文化 ── 映画・文学・アングラ』(サントリー学芸賞，青土社，岩波現代文庫)，『新版 占領の記憶　記憶の占領 ── 戦後沖縄・日本とアメリカ』(青土社，岩波現代文庫)，『ジャズ喫茶論 ── 戦後の日本文化を歩く』(筑摩書房)，『呑めば，都 ── 居酒屋の東京』(ちくま文庫)，『ひとり歩き』(幻戯書房)，『日本の居酒屋文化 ── 赤提灯の魅力を探る』(光文社新書)など．

ピアノトリオ
── モダンジャズへの入り口　　岩波新書(新赤版)2012

2024年3月19日　第1刷発行
2024年5月24日　第2刷発行

著　者　マイク・モラスキー

発行者　坂本政謙

発行所　株式会社 岩波書店
〒101-8002 東京都千代田区一ツ橋2-5-5
案内 03-5210-4000　営業部 03-5210-4111
https://www.iwanami.co.jp/

新書編集部 03-5210-4054
https://www.iwanami.co.jp/sin/

印刷・精興社　カバー・半七印刷　製本・中永製本

ISBN 978-4-00-432012-8　　Printed in Japan

人名索引

サ行

ハ行

マ行

ヤ行

ラ行

ワ行